मिट्टी की बारात

मिट्टी की बारात

शिवमंगल सिंह 'सुमन'

राजकमल प्रकाशन

ISBN : 978-81-7178-932-0

मूल्य : ₹595

पहला संस्करण : 1972
तेरहवाँ संस्करण : 2024

प्रकाशक : राजकमल प्रकाशन प्रा. लि.
1-बी, नेताजी सुभाष मार्ग, दरियागंज
नई दिल्ली-110 002
शाखाएँ : अशोक राजपथ, साइंस कॉलेज के सामने, पटना-800 006
पहली मंजिल, दरबारी बिल्डिंग, महात्मा गांधी मार्ग, प्रयागराज-211 001
1, अनमोल सोराबजी संतुक लेन, धोबी तलाव, मरीन लाइंस, मुम्बई-400 002
वेबसाइट : www.rajkamalprakashan.com
ई-मेल : info@rajkamalprakashan.com

मुद्रक : बी.के. ऑफसेट
नवीन शाहदरा, दिल्ली-110 032

MITTI KI BARAAT
Poems by Shiv Mangal Singh'Suman'

संकेत

यह मेरा सातवाँ संग्रह है आपके सामने, सूरज के सातवें घोड़े की तरह। इसमें सन् 1961 से 1970 तक की अधिकांश रचनाएँ संगृहीत हैं। दस वर्षों का आयाम कम नहीं होता, क्रम बिठाना मुश्किल पड़ जाता है। प्रशासन की एकरसता ने सब मुड़ गोबर कर दिया पर बेशर्मी का क्या इलाज है, न चाहते हुए भी इतना जुड़ गया, वांछित-अवांछित, आदत से लाचार हूँ। जब दैनन्दिन उलझनों से छुटकारा न मिला तो उलझी गुत्थी ही आपके सम्मुख प्रस्तुत करने की धृष्टता करनी पड़ी, इस आशा से कि आप इसे निरवार लेंगे। जहाँ गठान आ जाए, आप बख़ुशी कैंची का प्रयोग कर सकते हैं। जहाँ तक बना है मैंने अपनी ज़मीन नहीं छोड़ी है। पहले तो शौक़ चर्राया अकविता तक की यात्रा में पाँचवाँ सवार बनने का, पर फिर अपनी औक़ात में ही रहना अधिक समीचीन लगा। जीने का एक बहाना ही तो चाहिए। नेपाल से लौटने पर देश की और अपनी हालत देखकर जो लिख डाला था उसे तो उड़ा ही देना चाहता था पर मित्रों के दुराग्रहवश उसे परिशिष्ट में डालना पड़ा। एक मोह भी पैदा हुआ कि प्रगतिशीलता का ठप्पा लगवाकर बदनाम तो हो ही चुका हूँ इसलिए अपनी वासना के बावजूद तमाशा डटकर देखा जाए। इससे स्वयं को परखने का मौक़ा भी मिल जाता है कि कौन-सी रचनाएँ चार-पाँच साल ठहरीं, कौन-सी दस साल और कौन-कौन-सी मरने तक साथ देंगी, आक़बत की ख़ुदा जाने। साहित्य में अमरता का मैं कभी क़ायल नहीं रहा, बिना स्वयं मरे स्वर्ग किसने देखा है? मैं अपनी रचनाओं में परदेशी (outsider) भी हूँ पर उसे समझा सकना बड़ा मुश्किल है। कहीं लिखा भी है—

मैं और किसी से नहीं, स्वयं से वंचित हूँ
तुम कहाँ सँभालोगे मेरी बिखरी थाती;
मेरी समाधि पर तुम क्या दीप जलाओगे
यदि जीवित ही बन सका न मैं जलती बाती!

यह संग्रह भी भानुमती का पिटारा है, तरह-तरह की शक्लें, किसिम-किसिम के करिश्मे। पेट पालने के लिए हर जादूगर को ये दाँव आज़माने पड़ते हैं।

साहित्य का पेट सामान्य से कुछ बड़ा होता है, बेतुका भी। एक बार बिखर जाने पर स्वयं को समेट सकना असम्भव नहीं तो दुष्कर अवश्य है, पर मैं तो

अब मैं जन्मु संभु हित हारा। को गुन दूषन करै बिचारा॥

प्रतिबद्धता से कैसे बच पाऊँगा, उसी के बल पर तो साहित्यिक रँगरूटों की भरती में कभी अपना नाम दर्ज कराया था। पचास पार करते-करते यह अवश्य सीख गया कि बहुत-से आन्दोलन फ़ैशन के लिए होते हैं, ड्रेन ट्राउज़र की तरह। बच्चन ने बहुत ग़लत तो नहीं कहा कि 'राह पकड़ तू एक चला चल पा जाएगा मधुशाला।' राह कभी एक-सी तो रहती नहीं अतएव जैसे-जैसे वह बदलती जाए वैसे-वैसे पथिक को भी हवा-पानी-धूप के अनुकूल स्वयं को ढालते रहना चाहिए। यों मंज़िल पा सकना भी उतनी ही बड़ी ऊब या बोरियत होती होगी, जितनी देवताओं की अमरता। जन्म-मरण के चक्कर से छूट सकना कोई बहुत बड़ी उपलब्धि नहीं है। कभी जीने और कभी मरने में ही सच्चा मज़ा है। शाश्वत शान्ति के भ्रम में गिने-चुने जीवन्त क्षणों को गुमाने की बेवक़ूफ़ी करने वाले मरने के बाद भी पछताते होंगे। यह सच है कि ज़माना जटिल से जटिलतर होता जा रहा है। देखते-देखते दिक्युग आ गया। अभी तो कविता के आयाम ही बदले हैं, अब कवि के आयाम भी बदलेंगे। सौरमंडल की विजय के साथ-साथ सर्जक को नई बारहखड़ी सीखनी होगी। मिट्टी की बारात में मैंने जीवन की इस विराटता को जड़-चेतन के सूक्ष्म सम्बन्धों द्वारा पकड़ने का प्रयत्न किया है, पर जैसे उसकी अवचेतना हाथ में आते-आते रह गई। लुका-छिपी का यह खेल भी

बुरा नहीं है, इसी सन्धान से नये सन्दर्भों का जन्म होगा। नया यथार्थ अपने-अपने ढंग से ही समझा जा सकता है, उसकी कोई सार्वभौमिक और सार्वकालिक परिभाषा नहीं हो सकती। ग़रीबी-बेकारी दूर न होगी तो साहित्य और कला के आयामों का संवेदन व्यापक कैसे बन पाएगा, नये आकाश को आलिंगन करने की विह्वलता न होगी तो यथार्थ अपने हाथ-पैर कहाँ पसारेगा, क्योंकि अब धरती में स्थान कम होता जा रहा है। ज्वलंत सत्य आज कवि-कल्पना से बाज़ी मार ले गया है, इसीलिए अब साहित्य कल्पवृक्ष के नीचे बैठकर नहीं लिखा जा सकता। मित्रों के दुराग्रह और प्रकाशकों के पुराग्रह का एहसान मानता हूँ।

21.7.71

—शिवमंगल सिंह 'सुमन'

क्रम

देवहितं यदायुः

आनो भद्राः क्रतवो यन्तु विश्वतः

हतो वा प्राप्स्यसि स्वर्गं जित्वा वा भोक्ष्यसे महीम्!

परिशिष्ट

माता भूमिः पुत्रो अहं पृथिव्याः

इनको चूमो

कीचड़-कालिख से सने हाथ
इनको चूमो
सौ कामिनियों के लोल कपोलों से बढ़कर
जिसने चूमा दुनिया को अन्न खिलाया है
आतप-वर्षा-पाले से सदा बचाया है।

श्रम-सीकर से लथपथ चेहरे
इनको चूमो
गंगा-जमुना की लोल लहरियों से बढ़कर
माँ-बहनों की लज्जा जिनके बल पर रक्षित
बुन चीर द्रौपदी का हर बार बढ़ाया है।

कुश-कंटक से क्षत-विक्षत पग
इनको चूमो
जो लक्ष्मी-लालित क्षीर-सिन्धु के
चर्चित चरणों से बढ़कर
जिनका अपराजित शौर्य
धवल हिम-शिखरों पर महिमा-मंडित
मानवता का वर्चस्व सौरमंडल स्पंदित कर आया है।

[उज्जैन, 7.7.61]

आषाढ़ का पहला दिवस

आषाढ़ का पहला दिवस
करता विवश
उमड़ी घटा को देखकर
चूमूँ लहरते केश को
पी लूँ तपन, सीझूँ सपन
गदरा उठूँ
इतरा उठूँ
पीताम्बरी आकाश में
उलझी हुई
नीलाम्बरी के छोर-सा,
टपकूँ निबौरी-सा निपट
थिरकूँ विसुध वन-मोर-सा,
बौछार के उल्लास में
सोंधी धरा की गंध को
पी लूँ तृषित गजराज-सा
झूमूँ सहज
हर सल्लकी औ' शाल की
मदविह्वला नत डाल पर
निर्व्याज-सा,
झपटूँ शिकारी बाज़ बन
जर्जर व्यवस्था के जलपते गिद्ध पर
कर विद्ध ख़ूनी चंचु
पंजे तोड़ पैने
जीर्ण डैने ध्वस्त कर

दूँ मुक्त कर आकाश
हंसों औ' बगुलियों के लिए
नव गर्भ-धारण के
अमित आयाम में,
गोरी छलकती
रस-कलश में भीजती
बिछुए बजाती झींगुरों के
चल पड़े उस गैल पर
जिसकी हुमसती आहटों में
धुकधुकी साधे
कहीं दुबकी खड़ी हो
नटखटी गोपाल की,
हर प्रात में
गोपाल से पहले उठे
हलधर हठी
जोते धरा की पीर को
उस नीर के आह्वान में
जो लहलहाए
लू-लपट में झुलसते इनसान को
चूनर उड़ाती, खिलखिलाती
झूमती फ़सलें
क्षितिज के छोर से
उठती दिखें
लुटती दिखें
बौछार के हर तार में
द्यावा-धरा की प्रीति की
घुमड़न समेटे स्रोत-सा
अल्हड़ छयल
उद्ग्रीव कजरारे दृगों को चूमता
बरबस बढ़ा जाता हवस
आषाढ़ का पहला दिवस।

पावक-परस

कैसे भूल पाऊँगा
जनम-जनम
मधुर परस
मिट्टी की उँगलियों की
मंद-मंद लौ का,
बिखर गए स्फुलिंग
लिंग-वचन-कारक से
रह गया अधूरा ही
वाक्य-विन्यास-न्यास
मूक हुईं मन्दिरों में
घंटियों की प्रार्थनाएँ
एक झनझनाहट-सी
गूँजती रही अलक्ष्य
आएँ—आएँ—आएँ।
जागी पुरातन प्रीति
अकथनीय अनरीति
शान्ति-शीतलता के
प्रणत वरदानों की
व्यर्थता प्रतीत हुई
पिघल-पिघल बहा-दहा
रहा-सहा नवनीत,
बूँद-बूँद स्नेह की
सँवार उठी दीपशिखा
अन्तर्मुख आँच लगी

अनजानी श्वासों की
भर लिया अँधेरे ने
आकुल आलिंगन में
जलने में हाय-हाय
कितना आनन्द है,
मुझको जलाओ प्राण
मुझको जलाओ प्राण
जलन महासिन्धु है,
डूबने दो सुख-शान्ति
सुविधा, विराम, धाम
अमर करो, अमर करो
मेरा यह जलन वेश
मिट्टी हो भस्मसात
बाती कर्पूरवात
केवल रह जाय शेष
दीपशिखा, हे अशेष!

आभास

आज बहुत पास से
पलाश के निकल गया
आँच लगी
निर्विकल्प
पत्ते झरते रहे
निर्निमेष
नंगी डालियों से
लिपटी रहीं लपटें,
गेहूँ की पकी फ़सल
काट रहे हैं किसान
दरमियान
धरती और अम्बर के
दाने ही दाने हैं
कभी भोज
कभी बीज
नाचीज़।

अंगारे और धुआँ

इतने पलाश क्यों फूट पड़े हैं एक साथ
इनको समेटने को इतने आँचल भी तो चहिए,
ऐसी कतार लौ की दिन-रात जलेगी जो
किस-किसकी पुतली से क्या-क्या कहिए।

क्या आग लग गई है पानी में
डालों पर प्यासी मीनों की भीड़ लग गई है
नाहक इतनी अबीर धरती ने उलची है
फागुन के स्वर को मीड़ लग गई है।

अवकाश कभी था इनकी कलियाँ चुन-चुनकर
होली की चोली रसमय करने का
सारे पहाड़ की जलन घोल
अनजानी डगरों में बगरी पिचकारी भरने का।

अब ऐसी दौड़ा-धूपी में
खिलना बेमतलब है।
इस तरह खुले वीरानों में
मिलना बेमतलब है।

अब चाहूँ भी तो क्या रुककर
रस में भिन सकता हूँ?
चलती गाड़ी से बिखरे—
अंगारे गिन सकता हूँ,

अब तो कॉफ़ी हाउस में
रस की वर्षा होती है
प्यालों के प्रतिबिम्बों में
पुलक अमर्षा होती है

टेबिल-टेबिल पर टेसू के
दल पर दल खिलते हैं
दिन-भर के खोए क्षण
क्षण-भर डालों पर मिलते हैं

पत्ते अब भी झरते पर
कलियाँ धुआँ हो गई हैं
अंगारों की ग्रंथियाँ
हवा में हवा हो गई हैं।

चैती चाव

लाओ लोल कपोल तुम्हारे
श्वासों से सहला दूँ
भूली-भटकी व्यथा
बहकती बाँहों में बहला लूँ

चैत चहेता कचनारी
कलियों में बहक गया है
किंशुक किसी कसक-सा
डालों-डालों लहक गया है

लाल लोर में नव शिरीष के
झुमके तो पहना दूँ।

झुलसा जीवन-ज्वार रुपहला
हुलसा जंगल सारा
विंध्याटवी बनी धरती पर
दिन का मंगल तारा

हर मौसम के साथ जुड़ी है
कुछ ऐसी लाचारी
पिछली पिघले बिना
न आती अगवानी की बारी

तप्त स्वर्ण के ताल लहकते
कँगने तो गढ़वा लूँ
लाओ लोल कपोल तुम्हारे
श्वासों से सहला दूँ।

खोखलापन

कैसे हैं लोग जो
सहज ढल जाते हैं
पूर्णता के साँचे में
मुझे तो नित्य ही
खराद पर चढ़ना है
फिर भी रह गया हूँ
अनगढ़, रिक्त, सारहीन
छोला गया, छीला गया
आतुर आह्लाद में
परतों पर परतें निकलती रहीं
लसलसी लालसा की
लेकिन कुछ फर्क नहीं
हो न हो
भीतर कहीं
मेरे पंचभूतों में
कदली का गाभा हो।

जलती आँखें

मैंने अपनी जलती आँखें
सिगनल की पतवार पर टाँग दी हैं
जिससे माल और मेल
बेखटके उसके नीचे से गुज़र जाएँ,
दहकते नाज के बोरे
बुझे-बुझे डाक के थैलों से बेहतर हैं
क्योंकि अब
क़र्ज़ की मय पीने की ताब नहीं है
ग़ज़ब का ज़माना था ग़ालिब का
वाह और आह दोनों को खुली छूट थी
पर ख़ैर हो ग़ुलामी की
आज़ादी की आरज़ूएँ
जोंकों-सी चिपकी हैं
इंतज़ारी बेमियाद हो गई है
बेबुनियाद
तमन्ना के तेवरों का
तक़ाज़ा तभी तक है
जब तक रगों में ख़ून रहे
जोंकें भी हैरान हैं
कि ख़ून की लाली पर
परतें हैं कफ़ की सफ़ेदी की
इरादा नहीं था
बीभत्स सत्य कहने का
पर आसमान पर

टिकी आँखों ने
पैरों को सहारा नहीं दिया
जहाँ क़दम पड़ते हैं
पीब ही पीब है
गांधी होते तो
ज़मीन धुलवा देते
या ख़ुद धोते
मैं अपनी आँखें
अब नहीं उतारूँगा
चाहे उतर आएँ
स्वर्ग की सब अप्सराएँ
प्यार जानदार
बन गया वहशत का वफ़ादार
सिगनल बेजान हो
पर उसकी आँखें
जलती तो दिखती हैं दूर से।

केशर-कुसुम

चैतिया प्रभात
मंद-मंद पवन
शिथिल अंग
मादक मरोर भरी
फुरहरी-सी तन में
अपनी ही धुन में
गुनगुनाता चला जा रहा
पीछे से किसी ने
औचक झकझोर दिया
सिहरते शिरीष-कुसुम
झाँक रहे कनखियों से
केसरिया झुमकों की
लड़ियों पर लड़ियाँ
भीनी भिनसार गंध
तन-मन करती विभोर
वीथियों में अग़ल-बग़ल
कुंद खिलखिलाते-से
लाल-लाल टोकरियाँ
सिर पर गुलमौर लिये
अमलताश हल्दी रँगी
झालरें हिलाते-से
सारी राह करती दिखीं
ठनगन ठिठोलियाँ
मेहँदी रचाए
प्रमदाएँ कालिदास की।

कभी तूफ़ान में हम-तुम मिलेंगे फिर

घिरे मातंग मदमाते
चली पुरवा
बड़े आवेश में मघवा
भरी आक्रोश में शिप्रा
उमड़ता पूर कोसों तक
लकोड़ा झील की लहरें
समुंदर का समा बाँधे
नदी-नाले तुड़ा रस्सी
उछलते-कूदते फिरते
मुहल्लों, ग्राम-गलियों में
उफनती झाग झल्लाती
कगारों के मुँडेरों पर
जवानी और जीवन की
बड़ी बेचैन बेताबी
जहाँ भी रोध दिखता
रौंदती चलती अकारण ही
सिहरते कूल-मूलों से
खड़े हम-तुम सिमट सहमे
बहकते स्वर
कि सिर से पैर तक सब तर
तुम्हारा हाथ मेरे हाथ में
संपुट सँवारे-सा
भयावह गड़गड़ाहट में
कड़कती कौंध-सी सुस्मित

घटाटोपी अँधेरे में
तुम्हारी साँस की गरमी
सुलगती आग-सी लगती
धड़कते वक्ष से छनकर
किरन की सुरसुरी जैसी
धमनियों में उतरती-सी
छिटक पड़ती विसुध क्षणदा
यहीं से लौट पड़ने का इशारा कर,
सँभलकर धर रहे हम पग
बड़ी प्यारी मगर फिसलन
उमड़ते ज्वार का सिमटाव
दुहराना बड़ा मुश्किल
अनागत की प्रतीक्षा में
कृषक की सावधानी से
नये छाजन बनाने के लिए
तिनके सँजोना है।
कभी उमड़ाव फिर आया
जुड़ा संयोग सावन का
घटाएँ घूर्णिता पगला
उठीं बड़वाग्नि पी-पीकर
उठा उन्माद लहरों में
कगारों को ढहाने का
अलख आकाशवाणी ने
निमंत्रण दे दिया आतुर
किसी तूफ़ान में हम-तुम
मिलेंगे फिर।

मालीपुरा की होली

उज्जयिनी का मालीपुरा
सचमुच निराला है
फागुन की पूर्णिमा को
राग-रंग रचता है
फूलों की झाँकी
सजाता नयनाभिराम
पंचबाण धारी की
आरती उतारने को,
प्रांगण भर जाता
अनुरागी अनुभावों से
राजमार्ग
वृन्दाबन कुंजों-सा लालायित
गलियाँ चौराहे सब
उमड़-उमड़ उठते हैं
उन्मद नद अनियंत्रित।
छज्जों-अटारियों में
जूड़ों के गुलदस्ते
वृन्तहीन वन-पलाश
वातायन-वक्षों में
कसमस कर उठते हैं
बिन बादल बिजली-सी
कौंध-कौंध जाती है
माते मिलिंदों की
पाँखों से टकराकर

कुंकुमी उढ़निया के
झीने आवरणों से
झाँक-झाँक उठता है
मुग्ध गगन
नखत-नयन अनियारे
रतनारे गभुआरे
उदयन की वीणा का
सरगम सध जाता है
स्वर वासवदत्ता का
तारों पर मँडराता
चेतन-अचेतन के
पिचकारी-सी लगती।
कवि ने कहा था इसे
'कांतिमत् खंड एक'
नन्दन के यौवन का,
अब तो वह सपना है
पर ऐसे मौसम में
फूलों की चोटों से
वज्र चटख़ जाते हैं
लगता है दबे पाँव
आने ही वाली है
अनियारी उरवशी!
गुंजित हो उठती है
विक्रम के स्यंदन की
दूरागत घंटियाँ
कालिदास इसी मार्ग
अष्टमूर्ति अर्चन के
उन्मद उल्लास में
पुष्पलावी मुखड़ों के
स्वेदबिन्दु पोंछते थे
छंदों के शतदल क्षण-
परिचय के व्याज से।

उनका सूक्ष्म संवेदन
कुछ-कुछ जान पाया था
मालाएँ गुहने में
सुई कहाँ चुभती है?
उगता है दर्द कहाँ
कलियों के अन्तर में
उच्छ्वसित सौरभ की
साँस कहाँ रुँधती है
बिंधती है विह्वलता
किस क्षण समर्पण की
लड़ियों में प्रीति की
प्रतोति कब गुँथती है?

मिट्टी की संवेदना

आषाढ़ी गंध प्रथम वर्षा की
सोंधी-सोंधी सुवास
पानी भरती मुँह में
खस्ता कचौड़ी-सी
करती उल्लसित मदिर
निर्जन के केवड़े-सी
फेफड़ों तक भर जाती
होमधूम की उसास
मिट्टी-प्रस्वेद-सिक्त
कृषकों के अंगों को
भस्म और चन्दन से
चर्चित करती सहास
तपन की तरलता में
मेनका मुखर होती
मुग्ध लुब्ध विश्वामित्र
स्निग्ध पद्मकोरकों के
कोष खुल जाते औ'
पंख लग जाते
किंजल्की संधान में
मिट्टी की संचित संवेदनाएँ
जग जातीं
सर्जन की लपटों में
लहक उठती शकुंतला।
अनुभवहीन क्वाँरापन

अपनी अबोधता में
आकर्षक हो उठता,
आतुरता संगम की,
सब सुधबुध बिसराती
उमड़ उठती अनायास
फ़सलों की अगवानी
अनजाने जाता सिमट
जीवन का बिखरापन।

तुम्हारे प्यार में बौछार कितनी है

घिरे हो इस तरह जैसे सभी घर-बार छा लोगे,
फिरे हो रूठकर जैसे उफ़नता ज्वार ढालोगे,
मुझे फिर मथ गईं झकझोरती साँसें—तुम्हारा क्या?
बिछलती कौंध की मुस्कान से सबको लुभा लोगे,

हमारी साँझ सूनी भर गए हैं झिल्लियों के स्वर
तुम्हारे तार में झंकार कितनी है?

बहे हो जिस तरह खुलकर नदी, पट पर, कछारों में
उमड़ता जा रहा उन्माद बीहड़ के कगारों में
लहरते सिन्धु से गोखुर तलक सब ओर तुम ही तुम
कली में, फूल में, फूटी फ़सल के के इंतज़ारों में

बहुत हैरान है साजन हमारी प्यास का मरुथल
तुम्हारे होंठ में रसधार कितनी है?

कभी तुम भी तपे होगे तभी तो बेकली इतनी
चढ़े जलती किरन पै ढूँढ़ते होगे गली अपनी
तुम्हारी आस्था की वह तपन तुमको मुबारक हो
कि जिससे मिट गई हस्ती मगर मस्ती मिली अपनी

डुबा लो आज अपने ज्वार में पर राज़ बतला दो
तुम्हारी धार में मनुहार कितनी है?

मिट्टी की बारात

विज्ञप्ति

[यह इतिहास की एक अभूतपूर्व घटना ही कही जाएगी कि किसी महापुरुष ने अपनी प्रियतमा के अन्तिम अवशेष इसीलिए सुरक्षित रख छोड़े हों कि संसार से अन्तिम यात्रा के समय दोनों की मिट्टी साथ-साथ महाप्रयाण करेगी, साथ-साथ प्रवाहित होगी और अविराम जीवन-क्रम में साथ-साथ सिन्धु में लय होगी। स्त्री-जाति के लिए तो यह संवेदना विशेष मार्मिक है। जवाहरलाल और कमला के फूलों (अन्तिम अवशेषों) का सम्मिलित प्रयाण एक कौतूहल जगा गया कि कौन जानता है कि गंगा की धारा में जब मिट्टी मिट्टी का स्पर्श हुआ हो तब उसमें भी कोई स्पंदन या रोमांच हुआ हो। मिट्टी में रोम न हों पर रोमरंध्र तो होते ही हैं। हम चेतन हैं इसलिए अचेतन की—उसे जड़ कहना तो भूल होगी—अनुभूतियों के विषय में कह ही क्या सकते हैं। 'अव्यक्तादीनि भूतानि व्यक्त मध्यानि भारत। अव्यक्त निधनान्येव तत्र का परिवेदना॥' आज तो विज्ञान ने भी सिद्ध कर दिया है कि जड़वत् दिखाई पड़ने वाले प्रत्येक अणु में कितनी महाभूत शक्ति अन्तर्निहित है—

परस्तस्मात्तु भावोऽन्योऽव्यक्तोऽव्यक्तात्सनातनः।
यः स सर्वेषु भूतेषु नश्यत्सु न विनश्यति॥

गीता 8।20

स्पष्ट है कि सृष्टि के कण-कण में नर और नारी अणु बिखरे हुए हैं, अन्यथा घास का एक अंकुर तक फूटना दुर्लभ हो जाता। सांख्य ने सृष्टि के मूल में प्रकृति-पुरुष की अविरत प्रक्रिया इसी आधार पर प्रतिष्ठित की है, विज्ञान की भाषा में इसे पाजिटिव-निगेटिव भी कहा जा सकता है। अस्तु चिरंतन जीवन-प्रवाह की विराटता में चेतन-चेतन के संयोग से

अचेतन-अचेतन का संयोग भी कम महत्त्वपूर्ण नहीं प्रतीत होता। हमारी सीमाएँ इसे कल्पनापरक भले ही स्वीकारें पर यह निर्णय कर सकना कठिन है कि व्यक्त कहाँ प्रारम्भ होता है और अव्यक्त कहाँ समाप्त होता है। हमारे युग की एक ज्वलंत घटना के आधार पर यह रूपक प्रस्तुत किया गया है परन्तु प्रतीक के रूप में मानवीय संवेदना की इस भूमिका को सार्वकालिक और सार्वभौमिक ही समझना चाहिए]।

दृश्य-1

[स्थान—आनन्द भवन, प्रयाग। 8 जून, 1964 का प्रभात, चारों ओर अपार जनसमूह उमड़ रहा है। सलामी के लिए फ़ौज फालिन है, बैंड, बाजे-गाजे। लाखों लोग भरे गले और डबडबाई आँखें लिये, खोए-खोए-से इधर-उधर भटक रहे हैं। मानव-समुद्र की लहरों पर लहरें, पर सब स्तब्ध प्रशान्त। अन्तर की उमड़न और बाहर की घुमड़न एक समान। कोई किसी का पुरसाहाल नहीं दिखलाई पड़ता, वातावरण में एक अजीब सी घुटन-बेचैनी। त्रिवेणी-मंगम के लिए महाप्रयाण से पूर्व आनन्द भवन की ऊपरी मंज़िल में स्व. कमला नेहरू का कक्ष खुलता है। जवाहरलाल के हाथों बड़ी साज-सँभाल के 28 वर्ष पूर्व रखी हुई कमला नेहरू के अन्तिम अवशेषों की रजत-मंजूषा सजाई जाती है।]

कमला—बात क्या है?

बाहर आज बड़ी धूमधाम है
घर भर गया है
परिजनों-पुरजनों से फिर
बैंड बज रहा है द्वारे
शहनाई का परिचित स्वर
बींधता-सा जाता है
शून्य अन्तराल को।
एक बार फिर से
आनन्द उमड़ उफना है
जैसा कभी देखा था
ससुर जी के युग में।

[नेपथ्य से वीणा की करुण झंकार के साथ गीत का थरथराता स्वर फूट पड़ता है।]

तेरी आज विदाई है,
सज सोलह श्रृंगार सोहागिन
तेरी आज विदाई है।

दूल्हा खड़ा द्वार पर सज-धज
बाजे-गाजे ख़ूब रहे बज
प्रियतम बाँधे मौर खड़ा है

द्वारे डोली आई है
तेरी आज विदाई है।

नर-नारी की यही पूर्णता
यही सनातन सत्य अमरता
परदे के बाहर जो दिखता

वह केवल परछाईं है,
तेरी आज विदाई है।

खीलें लुटतीं, पुष्प-समर्पण
सारा राष्ट्र कर रहा परछन
युग देवता लिवाने आया

तू सहमी, शरमाई है?
तेरी आज विदाई है।

[कमरे में आने-जाने की आवाज़ें। श्रीमती इन्दिरा गांधी प्रवेश करती हैं और अपने पिता की इच्छा की पूर्तिस्वरूप अपनी माता के फूलों की मंजूषा बड़े सौम्यभाव से उठाकर धीमी पदचाप से सीढ़ियों से उतरने लगती हैं।]

कमला—अरे! कौन है जगाता मुझे
वर्षों की निद्रा से
छलना यह कैसी है?
वे तो अभी आए नहीं

किसने उठाया मुझे
कहाँ लिये जाता है
दबे पाँव तस्कर-सा।
ऐसी भीड़-भाड़ में
इतनी भयावह शान्ति?
क्यों हैं फुसफुसाते लोग
खुलकर नहीं बोलते,
असहयोग आन्दोलनों में भी
उमड़ती थी अपार भीड़
पर ऐसी चुप्पी तो
देखी-सुनी कभी नहीं,
बेटी कहाँ? बेटी कहाँ?
हाय मेरी लाडली!

[कमला के फूलों की मंजूषा जवाहर की मंजूषा के बग़ल में रख दी जाती है। भाव-विह्वल इंदिरा गद्गद हृदय से श्रद्धांजलि अर्पित करती हैं, आँसू आँखों के कोनों में ही सिकसिकाकर रह जाते हैं।]

कमला—किसकी बग़ल में मुझे
लाकर बिठाया हाय
ऊष्मा का स्पर्श कर्ष
पहचानी-सी है गंध
प्रियतम के श्वासों की
जाने इस कलशी में
क्या है छिपा गूढ़ मौन
राशि-राशि संवेदन।

[सहसा बैंड की करुण ध्वनि के साथ रथ हौले-हौले संगम की ओर चल पड़ता है।]

कमला—यह तो कुछ हिलने लगा
चलने लगा
रथ-सा महाकाल का।
तुमने तो कहा था

प्रतीक्षा करो प्रियतमे!
साथ-साथ होगी
अपनी अन्तिम महायात्रा
तो क्या वह छलना थी
मुझको फुसलाने की?
अन्दर की आस्था तो
कहती है छलोगे नहीं
तुमने तो शत्रु से भी
कपट कभी किया नहीं!
तो फिर तुम गए कहाँ?
आओ वीर, आओ वीर
कोई मुझे बरबस
उठाए लिये जा रहा
असहाया सीता-सा
हो अवश आस-पास
गगन फटा जाता है
तुम्हारी जयकारों से,
यह तो सदा होता था
पर ऐसे फूट-फूट नहीं,
आख़िर क्या माजरा है?
किसका लुट गया सुहाग?
कितने बुझ गए चिराग़?
कि दिन में भी हाथ-पैर
मार रहे लोग-बाग
चल रहे टटोलते-से
जैसे घना अन्धकार
बरसा हो धरती पर
सूर्यग्रहण में भी कभी
ऐसी घनीभूत हूत
कालिमा न होती थी
जैसी प्रतिबिम्बित है
जन-जन के मुखड़ों पर।

दृश्य-2

[स्थान-त्रिवेणी संगम। कुम्भ पर्व का अकाल पुनरावर्तन-सा, विस्तृत बालुका तट पर तिल रखने की जगह नहीं, जन-जन के नयनों में गंगा-जमुना का प्रवाह। सरस्वती मूक, विह्वल, लहरें शिथिल, करुण, समुत्सुक। संगम-स्थल शुभ्र-श्यामल पर तट तमिस्रा से आच्छादित। राष्ट्र-देवता के कलश का जुलूस किनारे पर आकर रुक जाता है, सहस्त्रों अवरुद्ध कंठ फफककर फूट पड़ते हैं। दोनों कलश साथ-साथ नौका पर रख दिए जाते हैं और नौका मंथर गति से संगम की ओर चल पड़ती है। कमला-जवाहर की जय-जयकार से आसमान गूँज उठता है।]

ध्वनि—छप छप छप
छप छप छप।
कमला—अरे! यहाँ पानी है?
जनरव का ज्वार या
त्रिवेणी का कोलाहल?
समझ गई, समझ गई
संगम है, संगम है
यहाँ सभी मिलते हैं
नारी-नर, पुण्य-पाप
वर औ' शाप
संगम है, संगम है
गंगा का, जमुना का
गत-आगत-अधुना का
सत, रज औ' तम की
सम्मिलित हिलोर-सी
सरस्वती सिसक रही है
यहाँ विभोर-सी।
छलना को सत्य करो
मेरी भव-बाधा हरो,
यह क्या हठात हुआ
किसने पहना दी मुझे
वरद वर-माला-सी

शीतल मधु-ज्वाला-सी।
धन्य हुई, धन्य हुई
संगम में लीन हुई
बहने लगी, बहने लगी
जीवन की धारा में।
अरे तुम कौन हो?
बरबस बहे आ रहे
तरल नीलाम्बर में?
किसकी पदध्वनि से आज
झनझना उठे हैं फिर
अणु-अणु अस्तित्व के?
दूर रहो, दूर रहो
बहने दो, बहने दो।
जवाहर—डरो नहीं, डरो नहीं
पथिक हूँ थका-हारा
जब से गई छोड़ तू
फिरा किया मारा-मारा
लहरों के फूल-सा
खोकर तुझे खो-सा गया
धारा के कूल-सा
ऐसी खोज समा गई
मन के किसी प्रांतर में
तुझको ही खोजा किया
जनता में जनांतर में
भरी-भरी आँखों और
बुझी-बुझी पुतलियों में,
ऐसी बेकली-सी
समाहित कन-कन में
तेरा ही प्रेम हुआ
जन-जन में प्रतिबिम्बित
मोह की सीमा तक।
श्वेत में श्वेतता

औ' नील में नीलिमा
तू ही बनी पुतली की
बाहर से भरा-भरा
भीतर ही सूखा किया,
तू क्या गई, गंध गई
गान गया, राग गया
मन की एक बात भी
कहने को तरस गया,
क्षण-भर कुछ बोलो मत
गोदी में सिर रख लेने दो
माथा दबा दो ज़रा
विगत चालीस वर्षों से
दहकता रहा है सदा
ओ री सहधर्मिणी।

कमला—अरे कौन? तुम हो नाथ?
तुम हो हाय, तुम हो नाथ?
कैसे हो गए हो क्षीण
पहचानना कठिन है।

जवाहर—थोड़ी देर और न पहचानो तो
अच्छा है,
मैं जो था रहा कहाँ?
सब-कुछ सौंप आया हूँ
प्यारी मातृभूमि को,
जीवन का बोझ सब
शून्य कर दिया है आज
अन्तिम पुष्प अर्पित कर आया हूँ
चिरन्तन प्राणधारा को।
फिर भी बहाना नहीं
कैसा अपराधी हूँ
वंचिता बनाया तुझे
सहचरि के स्वत्वों से
यही शूल जीवन-भर

कौंध-कौंध कसका किया
मावस की तमिस्रा में
ऐसा भी न कोई मिला
जिससे यह भी कह सकता।
कमला—मैं तो हाय समझी थी
भूल गए होगे मुझे
काल दीर्घ घावों को
भरने में समर्थ है।
जवाहर—भूलता क्या?
ख़ुद को भुलाना पड़ा तेरे लिए
दुनिया के झगड़ों-विवादों में
या कि भीड़-भाड़ में।
थक कर जब सोता था
तेरी याद कभी-कभी
बरबस आ जाती थी
जिसका राज़ मालूम है
गूँगे नक्षत्रों और
सहमी-सी रातों को
चाँद से तो मन की बात
कहते भी डरता था,
कभी-कभी विस्मित हो सोचा है
आदि-कवि को कैसे
प्रत्यक्ष हो सकी अमूर्त
करुण-विधुर क्रौंची की
विगलित वेदना?
कमला—ऐसा मत कहो देव!
शिकवा कब मैंने किया
अपने सूनेपन का?
मैं तो तुम्हें कर्मरत देख ही
सब भर पाई
भूमिका उत्सर्ग की
सजाई जब तुमने

तो मुझको बिखरना ही
समुचित था वेदी पर,
कितने सहधर्मियों को
यह मुयोग मिलता है?
मन-ही-मन डरती रही
टूट न जाओ कहीं
मानव-सामर्थ्य की भी
सीमा एक होती है,
बार-बार सोचा है
ऐसे सौ जन्म मिलें
तो मैं सौ बार बिछूँ
प्रिय के रथ-पथ में,
मानस के खिले कमल
किस दिन काम आएँगे?
सार्थक हो पाएगा
कैसे किंजल्क दान
पंकज ने पंक को
सुवासित यदि किया नहीं?
व्यर्थ उस प्रेमी का
विह्वल प्रलाप ताप
बाट जोह-जोह
साँस-साँस जो जिया नहीं।
उपालम्भ देती तो
आत्महत्या कर लेता
अनुराग, लज्जा का
धिक्कार सुनना मुझे पड़ता
राधा औ' यशोधरा का
नाम तक लेना
हाय, पाप हो जाता
और जीवित लील लेती मुझे
स्वार्थों की जड़ता।
ऐसा दृश्य, ऐसा समाँ

सुनने में आया नहीं
धारा की पुलकन तो
देखते ही बनती है
केवल तट उदास है,
टूट-टूट गिरि-शृंग
ढहते जा रहे हैं
और बूँद-बूँद झरने
झर रहे हैं हरसिंगार-से।
जवाहर—सृष्टि की वृष्टि में
विकार नहीं होता प्रिय
श्रद्धा समर्पित सदा होती
सर्वहारा को,
व्यक्ति की विशिष्टता का
व्यर्थ है बखान यहाँ
अर्घ दे रही समष्टि
अमर प्राणधारा को,
हम-तुम हैं व्याज मात्र
यथाशक्ति काम किया
छुट्टी ली, चिर-विराम
राम-राम।
जन-जन के गालों पर
विगलित जो बहता है
धरती का सबसे अनमोल
वही मोती है
मानवीय मार्मिक
संवेदना की धरोहर
स्वर्गलोक में अलभ्य
धन्य है इसी से धरा
विश्वम्भरा।
संयम की स्वाति-बूँद
करती उन्मुक्त मुक्ति
सीपी की कारा में

रोता नहीं कोई यहाँ
मेरे या तुम्हारे लिए
गंगाजल ढलता है
गंगा की धारा में।
ज़रा दूर हटकर तो बैठो प्राण!
एक बार जी भर
निहार लूँ तुम्हारा मुख
युगों बाद देखा है
करुणा का समर्पण-पर्व।
कमला—तुमको भी सूझी है
कैसी ठठोली आज
जीवन में इसको भी
तरस गई थी हाय,
दूर-दूर कैसे रहूँ
बरबस प्रवाह-दाह
पास खींच लाता है।
जवाहर—मिट्टी-मिट्टी का स्पर्श
इतना सुखद होता है?
मूक अश्रु-बिन्दुओं में
इतनी विशद व्यञ्जना?
चेतन इस अनुभव को
कैसे जान पाएँगे?
कमला—मैं भी यही सोच रही
आज जान पाई हूँ कि
जीवन की विराटता में
जड़-चेतन दोनों का
बराबर का हिस्सा है,
पहले कभी समझी नहीं
अंकुर को फूटते औ'
फूलते भी देखकर,
कण-कण में सृष्टि सरस
अणु-अणु में प्रकृति-पुरुष।

जवाहर—यह कैसा वेश सुमुखि?
तुम तो सज आई हो
सोलह शृंगारों से
नई-नई दुलहिन-सी।
कमला—मैं क्या सजी
देखते नहीं हो क्या
रोम-रोम मिट्टी का
कैसा आज पुलकित है
साधों का संचित रस
लुटने को आतुर है,
इतनी प्रतीक्षा बाद
आए जब द्वारे तुम
करती शृंगार नहीं,
तो फिर क्या करती?
जवाहर—किन्तु तुम माता हो
दुलहिन नवेली नहीं
विरद मिला जननी का
गौरवमय धात्री बनीं
इन्दु-सी बेटी जनी
किरणों-सी बिखर गई है
जो विशोक में
दोनों के रक्त की खानी
कर्मलोक में।
कमला—माता की बेटी
जब माता बन जाती है
तो निहाल हो जाता
सम्पूर्ण नारीत्व
खर्व कर देती वह
अपना आमूल सत्व
फिर धारण करने को
नया बीज, नई सृष्टि
भूलो मत

मिट्टी सदा क्वाँरी है,
उसमें है अनंत रस
देर नहीं कटते फ़सल
आगत के स्वागत में
तत्पर होती तुरन्त
तृण-तरु-वीरुध-विहंग
जलचर-थलचर-पतंग
रसा रसवंती के
रम्य रूप स्रोत हैं
राग-रंग-रूप-गंध
किरणों के कल-कुरंग
उसकी ही आभा से
आप्त ओत-प्रोत हैं।

जवाहर—तो फिर हम दोनों मिल
नूतन तैयारी करें
रस बन जाने की
सागर के तल में जा
बिखरे सीपी अनेक
ढालें आज बूँद-बूँद
करुणा के संचय की
जो हम छिपाए रहे
जीवन-पर्यन्त यहाँ।

कमला-जवाहर—[सम्मिलित स्वर में]
धन्य है, धन्य है, जीवन-प्रवाह यह
जिसने हम दोनों को फिर से मिला दिया
मिट्टी कभी मिटती नहीं, मिट्टी कभी मिटती नहीं
मृत्यु ने अमरता का प्याला पिला दिया।

नई सृष्टि का संवत्सर

धर दिए चरण मानव ने मनसोजातः पर
कल्पना हुई दिङ्मूढ़ सत्य को दिशा मिली
धरती गौरवान्वित हुई स्वर्ग में सिहरन-सी
अनहद रव गुंजित सहस्रार की कली-कली,
अब तक तो हमने पृथ्वी से
देखे थे सूरज, चाँद, नखत
अपनी अवनी का अपर ग्रहों से
दर्शन मात्र कल्पना थी,
पहले मानव ने अमर लोक से
मर्त्य लोक को देख लिया
स्वर्गों की सुषमा जिसके सम्मुख ढली-ढली,
प्रारम्भ यहीं से नई सृष्टि का संवत्सर
बावन का पग फिर नाप रहा विस्तृत अम्बर।
मनु-श्रद्धा के युग से अब तक
मनहर चन्दा की चितवन पर
कवियों ने कितने स्वर्छवियों के महल गढ़े
कितने प्रेमी जन सिसके इसके साये में
कितनी प्रेयसियों की पीड़ा ने
पहले-पहले पाठ पढ़े।
कितनी कुन्ती, तारा, दमयन्ती, शकुन्तला
वर्षों विरमीं इसकी मधु-मोहक छाया में
कितनी आशा-आकांक्षाओं के ताजमहल
सदियों सोए शीतल थपकी की माया में,
कितनी माताओं ने

दुलराया शिशुओं को
चन्दा मामा की छलना में
मन समझाने की बात
भली लगती लेकिन
असली चन्दा झूला करता
हर पलना में।
हलचल है वेद-पुराणों में
कल्पना सोम की
द्रोण-कलश में ढलने की
दशरथ औ' भीष्म पितामह की
जिस चन्द्रलोक में बसने की
लगती थी बड़ी सारगर्भित
उसमें सदेह प्राणी पहुँचे
विचरे-विरमे
मुट्ठीभर धूल और
कंकड़-पत्थर बिनकर
ख़ाली हाथों लौटे
फिर अपनी मातामही धरित्री पर,
नीरस प्रदेश में
रसा दृगों में उतराई
उद्घाटित हुआ सत्य सहसा
व्यापक विराट की समता में
सबसे सुन्दर सबसे मोहक
लगती अपनी ही वसुन्धरा।
क्षण-भर उनको एहसास हुआ
सारी वसुधा मानवता का विस्तृत आँगन
जिसमें बसने वाले सब हैं आत्मीय स्वजन,
इनसे लड़कर हम कहाँ भागकर जाएँगे।
अब किसी स्वर्ग में
हमको मिलनी शरण नहीं,
जो नहीं जूझते जीवन से
उनकी किस्मत में शान्ति कहाँ?

क्या अर्थ अमरता का उनको
जिनके जीवन में मरण नहीं,
अब चाँद हमारी बिरादरी में शामिल है
दिक् की दूरी सन्तरण कर गई मुक्त मही।

महाप्राण के महाप्रयाण पर

तुम जीवित थे तो सुनने को जी करता था
तुम चले गए तो गुनने को जी करता है
तुम सिमटे थे तो सहमी-सहमी साँसें थीं
तुम बिखर गए तो चुनने को जी करता है,
यह दुनिया आनी-जानी होती है बाब

जो जलता है वह बुझता है
जो फरता है वह झरता है

बस एक प्रश्न घुन-सा घुसता जाता मन में,
भीतर ही भीतर शूल समूल उभरता है
युग की सर्वोत्तम सुषमा-श्री से मंडित कवि
पथ पर पागल बेगानों-सा क्यों मरता है?
यह वही हाँक जिससे
दशकंधी दर्प लजाया करते थे
ये वही हड्डियाँ थीं जिनसे
हम वज्र बनाया करते थे,
कलि की धमकी को
'विनय-पत्रिका' ही उत्तर
आसुरी अनय को
'रामशक्ति' का ही अर्चन
जिन पागल प्राणों से सत्ता करती थर-थर
मिट्टी में सुगबुग-सुगबुग कर उठता सर्जन

यह युग के अभिशापों की कैसी जड़ता है
कबिरा को मरने मगहर जाना पड़ता है?
महलों की मीरा दर-दर मारी फिरती औ'
बावरे नयन में विष के अश्रु सँजोती है
हार्निया और बाहुक बनते संगी-साथी
क्या रामभक्त की यही परीक्षा होती है?
जो खान-पान के ही हिसाब में व्याकुल हैं
उनकी रोकड़ में क़र्ज़ बहुत-सा बाक़ी है
दुनिया चमकीले श्रृंगों से चौंधा जाती
जो गला-ढला उसकी धरती ही साखी है,
अपने मुँह अपनी बातें करना बुरा नहीं
पुष्पिता गिरा को ऐसे मौक़े मिलते हैं
जो कुछ कहने लायक हैं वे तो मौन खड़े
बातुल बक-झक की डालों पै खुल खिलते हैं,
मेरी तो सिट्टी-पिट्टी कुछ ऐसी गुम है
पश्चात्तापों के भरत राह दिखलाएँगे,
जो कुछ पाया उसको समेट सकना मुश्किल
जो कुछ खोया युग-कल्प हिसाब लगाएँगे,

सुनते हैं जब कबिरा, दादू
नानक की ज्योति-जमातें थीं
तब भी दुनिया ऐसी ही थी
जितने मुँह उतनी बातें थीं
ऐसे अल्हड़ अलबेलों की
झोली में कौन हाथ डाले
जो शीश उतार धरे धरती पर
मर्मांतक पीड़ा पाले,
यह नई सदा है सन्तों की
दीवानों की अनमोल अदा
जन्मे वसन्त पञ्चमी, प्यार
पतझर से करते रहे सदा,
तुम चले गए तो क्या हाँकूँ
मैं पास रहा या दूर रहा

इस कंगाली-बेहाली में
बैठा बस यही बिसूर रहा
'सुमन भर न लिये, सखि! वसन्त गया
हर्ष-हरण-हृदय नहीं निर्दय क्या?'

दान न चाई, चाई रे दाता

तुम मुझको क्या दोगे?
मेरो अमल अमोल अकिंचनता
किन दामों लोगे?
मेरी अंजुलि भरी हुई उस धन से
जो न निबटता
हीरे-मोती के दामों
जिसका ईमान न बिकता,
मैंने सदियों सूनेपन का
अन्तराल-तल सींचा
मानव-मन का दर्द
धरा की सन्धि-सन्धि से खींचा,
पाट दरारों को फिर
बाँधा मानसरोवर
गंगोत्री का सोता शोधा
युग-युग के अभिशप्त
सगर-पुत्रों के
कुंठित कंकालों पर
संजीवन अविराम उलीचा,
कुचले अरमानों की
परती धरती जोती
सोया मानव-बोध
जगाया, गोया
किया बाँझपन दूर धरा का
बीजों की चेतना चीरकर

आस्था का उन्मुक्त केतु
नभ में फहराया।
कहाँ तुम्हारे पास बटखरे
ओ सत्ता के पीछे पगलो
माँगो मुझसे भीख
एक कण दूँ तुमको भी
कटु, कापाय
विकुंठित अन्तर
जिससे हहरे
स्वाद तुम्हारा भी कुछ बदले
गँदले गड्ढों की उबकाई
सिहरे-बिहरे
अन्तरतर की शुक्ति मुक्तिमय
अरे न पानी किसी आँख का
करुणा-वरुणा बह ले।
दीनो-ईमां के दिवालियो
सौ-सौ सुधाघटों से बढ़कर
मीरा का अनमोल
हलाहल लोगे?
मुझको तुम क्या दोगे?

मुक्तसंग : समाचर

मेरा बड़ा सौभाग्य है
पैदा हुआ उस काल में
जिसमें दिनों के पर्त में
लिपटी हुई सदियाँ अमित
पहले लिखा जाता रहा
इतिहास
अब होता घटित।

सृजन की चुनौती

आओ संपाती
फिर दोनों साथ-साथ उड़ें
अनुभवी जटायु
गर लौटे तो लौट जाय
भुनने दो रक्तमांस
ढलने दो गलित स्वर्ण
और ठोस बने सूक्ष्म
और रोष जने शून्य
घने घने बनें विरल
जमे-जमे तरल-तरल
अब न रहे धोखे में
सीमा की असीम परिधि
वारिधि-सी व्योम बीच
लहर उठे निस्तरंग
सूरज का द्रवित पिंड
पी लें अगस्त्य-पुत्र
अंग-अंग हो अनंग
सृजन उड़े संग-संग।

योगः कर्मसु कौशलम्

मैंने भी नारी के अंग-अंग तोड़े हैं
कटी डालियाँ-सी
जब छितराईं छाती पै,
यद्यपि बट-पादप-सी
प्ररोह शक्तिमत्ता को
टूक-टूक होते देख कभी-कभी सिहरा हूँ।
जीवन को जीने की स्पर्धा औ' लाचारी
दानवीय लिप्सा ब्रह्मानन्द को चुनौती है
मानवीय प्रणय निवेदन तो नपुंसक है।
होता कठिन छायातप क्षण को सँभालना
ढालना असंयत उफ़ान ऊर्ध्व प्याले का
बरबस आ जाता ध्यान सिन्धु मर्यादा का
जिसके हहराते हरारत-भरे ज्वार को
बाँध बँधवाने की ज़रूरत नहीं पड़ती।

सुलगते क्षण

याद है
तड़कते अँधेरे
औ' कड़कती कौंध में जब
छाती से लगाया तुम्हें
आँचल असहाय स्त्रस्त
दूब के बिछौने-सा
लहरों की कोरों पर
लपटें ही लपटें,
टकराती श्वास-श्वास
बनती उच्छ्वास, हास, राग
आग-आग-आग-आग
सुमन माल जिमि कंठ तें
गिरत न जानइ नाग,
शायद यह क्षण फिर
न आए दुबारा अब
किन्तु हर अँधेरे में
जुगनू तो चमकेंगे
स्मृतियाँ सुलगाने को।

वासना वासुदेवस्य

मैं हूँ वह गुनहगार
जिससे भयभीत त्रस्त भादों का अन्धकार

अविरल झड़ी में खड़ी
भीग रही पुण्य-परी

कर्दम पर दुर्दमनीय जीवन ज्वलंत ज्वार,
मैं हूँ वह गुनहगार।

धानों के खेत रोप
वासना बिगोती-सी
लज्जा की सज्जा
अप्रतिहत चुनौती-सी

लहरों का लख उभार
बरबस चढ़ता बुख़ार
मैं हूँ वह गुनहगार।

व्योम-नाभि नालमुक्त
जाग्रत कुंडलिनी-सी
निशा पड़ी स्रस्त केश
मसली कमलिनी-सी

जिसको ललकार रहा बंध्या का रुद्ध प्यार,
मैं हूँ वह गुनहगार!
आँख मीच, होंठ भींच
मँझा-मँझा खेतों में
चहल-चहल कीच बीच
रेतस-सा रेतों में

सिन्धु का विलोल बीज
बोता जो बार-बार
मैं हूँ वह गुनहगार।

जलन की शोध

लाओ ज़रा चूस लें
तुम्हारे होंठों की जलन
वर्ना दबी आग में
अनाहत भुन जाओगी
मैं जल गया तो
पकी ईंट बन जाऊँगा
चाहे न सँवर सकें
उससे भवनों के शिखर
किन्तु किसी ललक से
विलोड़ित आपन्नसत्वा
अन्तस के सत्व से
समुच्छ्वसित क्षण समेट
दुबक किसी कोने में
सोंधेपन की शोध में
कदाचित अयाचित ही
जली-भुनी मिट्टी का
मर्म कुछ पा जाय।

अनस्तित्व

बात तो वही है जो
अधरों पर अधर रख
अनन्त में समा जाय,
शब्द-शून्य, भावमुक्त
ईथरी थरथराहट में
अनमिल अस्तित्व के
तत्त्व को जो पी जाय
जी जाय
अपने अनस्तित्व में,
कबीर की चदरिया-सी
झीनी-बीनी एक लहर
तने दिग्दिगन्तों में
पानीदार मुखड़ों पर
अम्बर ही अम्बर हो।

पावन पल

लुब्ध पूर्णिमा पै
या विलास उल्लास मथित
संयमबद्ध मर्यादित सिन्धु
मुग्ध गाता है,
आवेशों, उल्लासों
उच्छ्वासों बीच सदा
सीपी में ढलने का
एक क्षण आता है,
बिन्दु बन जाती जब
सिन्धु की सिन्धुता सब
सत्ता की इयत्ता में
सरबस खो जाता है,
न्योछावर हो जाती
उष्णता उसाँसों की
सहज बीच असहज
अनुभूति पाने को
कंचन का ओपे-दर्प
गल ढल जाता विमुक्त
अनबींधे मोती का
पानी बन जाने को।
अद्‌भुत औ' अपरिमेय
आदि बिन्दु सर्जना का
तर्जना औ' वर्जना की
पहुँच से बाहर

कुंठित, बाधित, कीलित
द्यावा औ' पृथ्वी-सा
सुयोग संसारी का,
घूर्णित, विक्षुब्ध, मुग्ध
सिन्धु मथन मन्दर का
अन्तस औ' बाह्य को
मिलाता जो आलोड़न
कूलहीन मूलहीन
विगत विकारी का,
अपने में पूर्ण और पावन है
पल-प्रकंप
विजयोद्धत पुरुष औ'
समर्पण पूर्ण नारी का।

निष्फल सृजन

सिकता में उभरी लहरें
रही होगी कभी सरिता
रेत रेतस
किस लजीली आँख की
बन किरकिरी
जन्म दे उस रागिनी को
जो निपूती रात में फूली झरी।

नया कैलेंडर

तुम मेरे कमरे में
स्वयं को टाँग गई हो
अनावृत
जब देखता हूँ
हर कोण
दृष्टिकोण बन जाता है।

उन्माद

तन-मन हो रहा रिक्त
सिक्त करो श्वासों को
धमनियों के रक्त को
रफ़्तार का निखार दो
लाओ वे लोल कमल
जिनसे पसीज उठें
प्यासी हथेलियाँ।

समझ का फेर

फैलीं भुजाएँ आलिंगन को
मँगतों से क्या माँगना
कितनी ग़लतफ़हमियाँ
रूप औ' अरूप में।

बैगनबेलिया

बैगनबेलिया झूम रहा
मेरे दरवाज़े पर
निस्संकोच फूहड़
ग़ज़ब की मस्ती है
गुच्छों में,
कविता लिखे बिना
दिखता निस्तार नहीं
मगर जम नहीं रही
कोशिश है, क़द में
उससे कुछ ऊँची दिखे
भरी-पुरी मस्तानी
असफलता नादानी।

मोसम्मी के फूल

मोसम्मी के फूल
खिलखिलाते फिरते
आराम में,
आते-जाते
लेते अंचल थाम
मारते फूँक, गारुड़ी मंत्र
गंध मदमाती के
छैल-छबीले अलबेले
बेला-से ठिंगने
कर्णफूल टाँके
फहराते उत्तरीय नीलिमी
गोरी-गोरी मालिनियों की
कलित कोंपली
सुघर उँगलियों से
ये वंचित
संचित
सरस कामनाओं की
अनियारी आभा में दोलित
कवियों की कल्पना अछूती
गूँथ न पाई इनकी माला
फल की परिणति
आड़े आती
गलहारों की ललक
प्रतीक्षातुर रह जाती।

मूढ़ता

मोगरे को देखकर
तुम्हारे जूड़े की याद आती है
और जूड़े को देखकर
मोगरे की
काले को सफ़ेद
और सफ़ेद को
काला करने की
विचित्र बेचैनी।

औचक

देखते ही देखते
अकविता भी आ गई
अपुरुष
अनारी
अनावृत।

शहर का अंदेशा

बेहद संतप्त हूँ कि
नपुंसकों की पीढ़ियाँ
जन्म ले रही हैं आज
शेरों की माँद में
क़ाज़ी होता तो
कभी का दुबला हो गया होता।

दिङ्मूढ़

जीवन-भर रहा हूँ सदा
आतुर उतावला
लेकिन अब सरगर्मी
सहमी नज़र आती है
राह चलते
जो भी लग जाता हाथ
उसे ही सँजो सकूँ तो
समझो अभी ज़िन्दा हूँ।

बाज़ और बटेर

कल बड़ा लम्बा सफ़र
बातों में बीत गया
समय को अंक में समेटे
कपोल से कपोल सटाए
पल-पल की पंखुरियाँ
नोच-नोच बिखराते
सहलाते मर्म की उठानों को,
अपनी ही धड़कन से
चौंक-चौंक दाएँ-बाएँ
स्टेशन पर स्टेशन ज्यों आए-जाए
जन्म-भर माँगी भीख
तब तो तुम पसीजे नहीं
औचक लुटा गए
संपदा शताब्दियों की!
दर्शन तो दर्शन है
गीता-क़ुरान-इंजील
सीख बहाउल्ला की
मार्क्सवाद गांधीवाद
अथवा अस्तित्ववाद
क्षण को छू लेने की
अन्तर्प्रेरणा अमूल
तुच्छ करती रही है
सदा अमरत्व को।

ठहराव

तुम तो यहीं ठहर गए
ठहरे तो क़िले बाँधो
मीनारें गढ़ो
उतरो चढ़ो
उतरो चढ़ो
कल तक की दूसरों की
आज अपनी रक्षा करो,
मुझको तो चलना है
अँधेरे में जलना है
समय के साथ-साथ ढलना है
इसीलिए मैंने कभी
बाँधे नहीं परकोटे
साधी नहीं सरहदें
औ' गढ़ी नहीं मीनारें
जीवन-भर मुक्त बहा सहा
हवा-आग-पानी-सा
बचपन जवानी-सा।

सहमी साँस

आज विदा बेला में
बिखरी मुस्कान
समेटने में व्यस्त हाथ
सहसा ही थम गए,
अनायास आया ध्यान
अनगिनत आँखों का
घूर रही होंगी जो
आहत अकारण ही,
गाड़ी के साथ-साथ
स्फुलिंगों की पंखुरियाँ
तिरती चली गईं
पाँतें तितलियों की दिखीं
दूर कहीं घुलती-सी
धुएँ के गुबारों में।

कोरी व्यथा

आज नव वर्ष की
मंगल कामना मिली
वर्षों बाद
जाने क्या हो गया,
उम्र का बहाव कुछ रुक गया
मन का रुकाव कुछ बह गया,
यह क्या सूझी तुम्हें
सालों न चिट्ठी-पत्री
कोई न खोज-ख़बर
धुँधले दाग द्वाभा के
फिर कुछ उभर गए
रक्तचाप बढ़ गया।
अगर...
मगर...
लौटने न देगा समय
फिर से शुरुआत करूँ
या कि जहाँ छोड़ा था
वही सूत्र फिर से गहूँ
फिर वही कक्षा हो
फिर वही पाठ पढ़ूँ,
यह तो है प्रथा मात्र
बहको मत बुद्धूराम
काम-काजी दुनिया की

यह भी एक अदा है
उथल-पुथल मन की
कोरी कवियों को सदा है।

निठल्ले

पथ पर जो बैठ जाते
चाल देख दूसरों की
कुढ़ते, खीजते, गाते
कैसी है पोशाक
आकृति औ' रूप-रंग
खुले-अधखुले अंग,
चाल, पहनावे औ'
ढब की आलोचना में
मिलता अनंत रस
जीवन का सरबस,
आधा कान दिए रहते
अपरों की बातों में
आँखें लगी रहतीं सदा
शतरंजी घातों में
प्रति प्रभात जागृति के
फ़तवे दिए जाते
जलती समस्याओं पर
डींग हाँकते अनिंद्य
कल्पित संघर्षों के
चलते अबाध मुक्त
चर्खे चर्चाओं के
अपलक अलापते राग
अपनी अर्चाओं के
विस्मित अरुणोदय में

जब तक चिपचिपाई आँख
मल कर निहार पाते
पथिक कहाँ का कहाँ
तब तक पहुँच जाता है।

जीवन की मर्ज़ी

जीवन भाग गया है
मन्दिरों, मसजिदों और गिरजों से
जम-सी गई है
अर्चना की अर्चियों में
ठिठुरी राख,
भक्तों से अधिक
घंटों की टनटनाहट में
हरारत है।
मज़दूरों और विद्यार्थियों से
सतर्क है शासक वर्ग
क्योंकि उनमें हलचल है
गति है
नाले या सरिता-सी,
नालों से कीचड़ उछल सकता है
नहरें नहों काटी जा सकतीं
सरिता के बहाव में
काई स्वयं छँट जाती है
जीवन की मर्ज़ी है
जैसे चाहे बहे।
बैगनबेलिया बहुत सामान्य है
पर जब देखो तब विशेष लगता है
धोबिन की तरह।

अब सीधे आकाश नहीं दीखता
बचपन में जैसे मास्टर साहब
मुर्ग़ा बनाते थे
वैसे ही दुम के पीछे से
दिखता है दमामा
आयाम का।

उद्घाटन-उच्चाटन

बहुत अच्छा लगा सुनकर
उतारे जाएँगे सबके मुखौटे अब
सृजन के संक्रमण की
कल्पना कैसी सलोनी थी
अलोनी थी अनेकों व्यंजनों के
अटपटे आस्वाद की चर्चा,
चलो अच्छा हुआ
खट्टी डकारों से मिली छुट्टी
हुई खुट्टी हमारी
आरज़ुओं की मलामत से,
बगूलों के उड़े बुरके
बहारों की फटी चोली
नये वक्तव्य के फ़तवे
बहे नासूर से रिस-रिस
बँधी हैं पुलटिसें जिनमें
हमारे तेज़ नश्तर तो
बने हैं दूसरों के हित
चलो अच्छा हुआ
हम जल्दबाज़ी में नहीं फिसले
पहाड़ी ढाल पर झरने मिले तो
धो लिये चेहरे
गए गहरे
सबेरे के सपेरे ने
उतारीं केंचुलें उनकी

उधेड़ीं प्लास्टिकी पर्तें
वही रूमानियत बासी
वही श्रीवृद्धि सिद्धों की
खड़े हम पार द्वारे आँगनों के
रह गए लखते
मुखौटे तोड़ने वाले
मुखौटे ख़ुद लगाए हैं।

सूनी साँझ

बहुत दिनों में आज मिली है
साँझ अकेली, साथ नहीं हो तुम।
पेड़ खड़े फैलाए बाँहें
लौट रहे घर को चरवाहे
यह गोधूली! साथ नहीं हो तुम।
कुलबुल कुलबुल नीड़-नीड़ में
चहचह चहचह मीड़-मीड़ में
धुन अलबेली, साथ नहीं हो तुम।
जागी जागी, सोई सोई
पास पड़ी है खोई खोई
निशा लजीली, साथ नहीं हो तुम।
ऊँचे स्वर से गाते निर्झर
उमड़ी धारा, जैसी मुझ पर
बीती, झेली, साथ नहीं हो तुम।
यह कैसी होनी-अनहोनी
पुतली पुतली आँखमिचौनी
खुलकर खेली, साथ नहीं हो तुम।

सोचता, अकेले में न मिलूँ तुमसे!

भीतर कुछ सोया-सा जग जाता है
बेबस मन बौरा जाता है

संयम की शीतलता उफ़ना उठती
छवि की छाया-छलना के विभ्रम से

तरणी लहरों में खोज रही तारा
मन कब तक फिरा करे मारा-मारा

तारा-धारा में लुका-छिपी क्रम से,
सोचता, अकेले में न मिलूँ तुमसे।

मझधारों में अरमान ऊब-डूबे
मृगतृष्णा में भटके सब मनसूबे

भवमूल भस्म हो कैसे शम-दम से?
सोचता, अकेले में न मिलूँ तुमसे।

मैं डूब रहा हूँ अपनी ही लय में
कविता जीती क्या सदा पराजय में?

तुम ताक रहे मुझको क्यों गुम-सुम-से,
सोचता, अकेले में न मिलूँ तुमसे।

बेबसी

मैं मज़दूर का बेटा
मुझे काम दो
बिना मजूरी किए रहा नहीं जाता
मेरे दादा-पिता
काम करते ही करते
काम आ गए,
तुम मुझे बिना काम के
रखना चाहते हो,
भूखा हूँ
जीना चाहता हूँ
पर हराम की खाकर नहीं
तुम-से निकम्मों के
गीत गाकर नहीं।

फ़क़त

सड़ी लाशों के बीच
सौन्दर्य सिसक रहा है बेगाना
कल बबूल फूले थे
आज फलियाँ निकल आई हैं
आज नीम फूली-फूली फिर रही है
कल अमिया गदराएगी
अभागे हैं वे जो
बिना फूले-फले ही झर गए
धूल सौन्दर्य को ढक सकती है
दबा नहीं सकती
लू झुलसा सकती है
जला नहीं सकती
एक झीनी फुहार काफ़ी है
ज्वार नया लाने को।

कसाईख़ाना

रोडेशिया में कसाइयों की दुकानें
सजी-बजी हैं सरेआम
पाँच-पाँच कंकाल लटक रहे हैं
जिनका गोश्त बिक रहा है सरे-बाज़ार
इनसान बकरों का खाना छोड़ रहा है
उसकी जीभ में इनसानी ख़ून लग गया है
भारत को बहुत बड़ी चुनौती है
जिसने कबूतरों को बचाया था बाज़ों से
अपना गोश्त तौल दिया था
तराज़ू के पलड़ों पर
अणुबम की औक़ात उसे मालूम है
नाहक मज़ाक़ मत उड़ाओ उस करुणा का
बुद्ध-ईसा-लेनिन-गांधी
और केनेडी उजागर हैं
जल्लादी जौहर जरायमपेशा-सा भटक रहा
छायावाद की छाया बड़ी शीतल थी
हर नारी अप्सरा
हर मनुष्य मेमना
प्रगतिवाद नारेबाज़ी में खो गया
प्रयोगवाद उछलते बारहसिंघे-सा
अपनी ही अटपटी सींगों में उलझ गया,
बिम्बवाद प्रतिबिम्बों के मुकुर में
विकलांगों के चित्र चीतने में सो गया
अस्तित्ववाद अपने अनस्तित्व में

किंपुरुषों का पेशा अपनाने में खो गया,
एक मैं हूँ कि धुने जा रहा हूँ पुरानी रुई
तुम्हारी फटी रज़ाई में थिगड़ियाँ लगाने को
मन नहीं मानता इसलिए
हर अँधेरी गली में
एक काँड़ी जलाकर फेंक देता हूँ
बारूद होगी तो अपने-आप पकड़ लेगी,
हर नाबदान पर
पीक की पिचकारी मारता चलता हूँ
लद्‌दू दिलवरों के दामन उधेड़ने को
नाख़ून बढ़ा रहा हूँ
लड़कियों ने भी नाख़ून बढ़ाए
पर वे काम नहीं आए
यों दामन-चोली का पुराना सम्बन्ध है
मेरी बौखलाहट पर तुम ताली पीटते हो
हर आक्रोशी आवाज़ को
आरायशी सामान समझते हो
ज़रूर तुमने ख़ूबानी खाई होगी बचपन में
बुढ़ापा इसलिए ग़लीज़ है कि वह
दाँतों का प्रयोग नहीं कर पाता
जवानी इसलिए मरीज़ है कि वह
कानों, आँखों, दाँतों से बेख़बर है।
मैं आवेश की बात नहीं करता
समझदारी घास चरने चली गई है
बोलती है तो गोली खाती है
सारी दुनिया का गुप्तचर विभाग
हत्यारों का पता लगाने में असमर्थ है
क्योंकि अब हर घर हर गली में हत्यारे छिपे हैं
जाँत पीसने वाली हथेलियाँ
फ़ौलादी गोलियाँ ढालने में व्यस्त हैं,
घुन में गेहूँ से कम
विटामिन नहीं होता,

नये प्रयोग नई भट्टियाँ
घर के चिराग़ से घर में ही आग लगा रही हैं
या तो वियतनाम नामशेष होता है
या हर घर के वियतनाम बनने की बारी है।

वियतनाम

वियतनाम लगता है
नामशेष का पर्याय
मानवता ने जैसे ममत्व
की दूधिया हँसी
करुणा, दया, मनुहार
सरेआम नीलाम कर दी है,
भुनगों-सा भूना जा रहा है इनसान
फिर भी लोग रोटी खाते हैं
दफ़्तर जाते हैं
क्लबों से लौटकर सो जाते हैं।
इतनी बड़ी दुनिया
कुछ सरमायेदारों, इज़ारेदारों के
हवाले कर दी गई है,
बारूद के भाड़ में भुनकर
कोंपलों की मासूम किरचें
हवा में छितरा गई हैं
माँ की कोखों पर
संगीनों के स्मारक,
भाई-बहनों के लोथों की झंडियाँ
पिता की सड़ती लाश
बेटी की बेटियाँ
बमबाज़ों को चुनौतियाँ देतीं
नीले आसमान में
खिलखिला उठी हैं

सौर में भेड़िये सो रहे हैं
चील्हों-गिद्धों के झुंड
बुझे उदास चूल्हों पर
अड्डे बनाए हैं
फूटी हँडिया का बिखरा भात
चाट रही है सियारिन
रक्तज्वार में पक्षियों के
अंडे ही अंडे तैर रहे हैं
कौवे-कोयल-हंस
सबकी चीख़ें समान हैं
कोई अगस्त्य अंगुलि फैला रहा है
बाडवज्ज्वाला से अधिक नहीं है
सिन्धु का विस्फोटी अभिमान।
आदमख़ोर, ख़ूनी दाढ़ें बाए
धूप सेंक रहा है
दाँतों में उलझे मांस के रेशे
चिड्डे-चुनमुने चुग रहे हैं
निश्शंक-निर्भय,
धरती में धमक समा गई है
बाँझपन की
गर्भ में कसमसाती फ़सलों की ऊष्मा
फ़ासिल्स बनती जा रही है
वीरान—वीरान—वीरान
इनसान सावधान!

देवहितं यदायुः

युग-पुरुष

कितनी सदियों के पुण्य फले
तब तुम आए
धरती के जागे भाग
मुक्ति के घन छाए,

सौभाग्य हमारा
हाड़-मांस का तन धरते
अपने-सा ही तुमको
देखा चलते-फिरते,

विश्वास हो गया
राम-कृष्ण की गाथा पर
अमिताभ और ईसा मसीह
की भाषा पर,

तुमको बिन देखे
कथा-कहानी-सी लगती
ऋषियों-मुनियों की बात
बिरानी-सी लगती

धड़कन विराट की
साँसों के स्वर में झलकी
गीता, कुरान, बाइबिल
सब तुममें लिखी दिखी

तुम शुद्ध सत्य उद्घोष
असुर आराती पर
प्रज्वलित शिखा-से
अन्धकार की छाती पर—

विचरे, विह्वल मानवता को
पावन करने
करुणा के गंगाजल से
मंगल-घट भरने

अनगिनत निरीहों की आशा
मूकों की भाषा बन आए
मानवता की खोई आस्था
लौटा लाए

हम बड़े पुजारी
घंटा घड़ी बजाते हैं
आरती उतारा करते
कीर्तन गाते हैं।

अक्षत-रोली, फल-फूल-पत्र, दूर्वा नवीन
मधु-धूप-दीप-नैवेद्य चढ़ाने में प्रवीण

सदियों से शोषक सत्ता का
सत्कार किया,
देवता द्वार पर आया तो
दुत्कार दिया,
कहने को तो हम
आत्मशक्ति के विश्वासी
आस्तिकता की निष्ठा सजीव
निष्काम कर्म के अभ्यासी

पर चलती-फिरती क्षमा दया जब घर आई
निर्भय निष्ठा, विगलित करुणा, तामसी शक्ति से टकराई,

बौखला उठा तब धर्म-धुरीणों का समाज
हम भूल गए सब ज्ञान-ध्यान पूजा-नमाज़,

साधना सिद्धिमय पुरश्चरण के
मंत्र पढ़े मीठे-मीठे
मानव संस्कृति के स्वर्ण-कमल पर
रक्त-बिन्दु हमने छींटे

प्रार्थना हमारी प्रायश्चित्तों से पूरित
हे क्षमामूर्ति

क्या हम जैसे अकृतज्ञों को अपनाओगे?
ओ, मानवता के सिन्धु मथन के सुधा कलश
अब कितनी सदियों बाद धरा पर आओगे।

गांधी-शताब्दी

घटित हुई फिर से सौ वर्ष पूर्व अनायास
महावीर गौतम की संवेदन अवतरणी
धन्य हुई यह धरणी
निर्मल निर्भीक सत्य मूर्तिमान
अमा के अँधेरे में ज्योतिगान
अश्रु और आहों को बाँह मिली
निर्जन कान्तारों में राह मिली
कोई हो, आहत हो, आरत हो
दक्षिण अफ्रीका हो, भारत हो
सबको सुनाई पड़ा उद्‌बोधक आह्‌वान
उत्तिष्ठत जाग्रत प्राप्य वरान्निबोधत का
शाश्वत सन्देश गान,

संशय के मरुथल में आस्था के बीज उगे
किन्नर गंधर्व यक्ष ठगे-ठगे

धरती पर मानव से
सुन्दर सौगात नहीं
मंत्रों, प्रार्थनाओं
अजानों, अर्चनाओं में
प्यार की कहानी से
बढ़कर कुछ बात नहीं
नामदेव, नानक, दादू

कबीर, तुकाराम
अविराम रटते रहे
ईश्वर-अल्ला एक नाम,
इकतारा झनक उठा
खँजड़ी पर छिड़ी टेक
सन्तों की महफ़िल में
हरिजन आ गया एक,
सदियों की सीझी
तपस्या की अमृत-धार
आदि कवि की करुणा की
झीनी-झीनी फुहार
जीवन-भर पीट पर
सलीब लाद फिरता रहा
सूली ऊपर सेज फिर
सजाने का इन्तज़ार
शून्य सौर मंडल में
अथक प्रयासों के
अभिलाषी चाँद का
राज़ उसे मालुम था
भेड़ियों की माँद का।
प्रेम के दीवानों का
वेश-परिवेश क्या?
सहज सिद्ध सन्तों को
देश क्या विदेश क्या?
अभी-अभी टैंकों का
दंभ दर्प कर नगण्य
अड़ गई थीं जब अनन्य
युवकों की टोलियाँ
अपराजित साहस की
शौर्यपूर्ण धड़कन बन
वह ही तो बोला था
'अनृत कभी जीतता नहीं है

हे सत्यनिष्ठ, डरना मत,
मौत का आतंक मिटाए बिना
मरना मत।'

मसीहा मुहब्बत का

सो गया
थका-माँदा
पांथ मानवता का
क्रान्तिजयी, शान्तिदूत,
विगलित मन, सिसको मत
सरहाने नेहरू के
आहिस्ता बोलो
अभी-अभी सोया है
मसीहा मुहब्बत का।
धरती थरथराओ मत
आसमान सब्र करो,
ठीक है, हज़ारों साल बाद
यहाँ आया था
अब कब आएगा
इसका ठिकाना नहीं
फिर भी जगाओ मत
पूरा का पूरा
इस बार का मनुष्य-जीवन
जगकर बिताया है
आँखों की लाली
उदयाचल सहेज ले
विथकित अंगों को
मलयानिल झेल ले।
सुनते हैं राम जब

थकते थे बियाबानों में
सीता चरण चापती थीं
पलकों के पंखों से
धूल पोंछ देती थीं
फूल बना देती थीं
पृथ्वी के भार को,
सिक्त कर देती थीं
अन्तस औ' बाह्य सब
मन्द-मन्द मधु स्मिति की
भीनी फुहारों से।
बाद में लक्ष्मण
पलोटते रहे पादपद्म
राम-रावण युद्ध की
थकान बिसराने को,
तुम तो थके के थके
सोए चिर-निद्रा में
मौक़ा तक दिया नहीं
टूटन थपथपाने का।
आजीवन दौड़ा किए
द्वार-द्वार अविश्रान्त
घायल मानवता के
मरहम लगाते फिरे
साया किए रहे सदा
आतप-निदाघ में
माता-पिता-बन्धु-सखा
सभी एक साथ तुम।
जब तक चली साँस
तुम्हें चैन नहीं लेने दिया
अपना भी बोझ
लाद तुम पर निश्चिन्त हुए...
मूढ़ता हमारी
किन्तु तुमने तो भूल से

एक बार भी तो नहीं कहा
कि चैन ले लेने दो
क्षण-भर किसी छाँव में
पसीना पोंछ लेने दो,
तुम तो सिर्फ़ चलते रहे
जलते रहे अहर्निशि
अपनी ही ज्वाला में
देते रहे सदा दग्ध वारिद-सा
मुक्तदान, क़र्ज़दार
सबको बनाकर चले गए।
आज जब होश हुआ
लुटी खड़ी निखिल धरा
मानवता ठिठकी-सी
बिसूर रही बार-बार
कैसे करें प्रत्युपकार
अगणित अहसानों का,
मन की मन में ही रही
अब क्या हो सकता है
पीढ़ियों पर पीढ़ियाँ
बस बैठी बिसूरा करें
करनी भगीरथ की।

राष्ट्र की जवानी की कहानी वह बन गया

उठते हुए यौवन में
उसको कभी देखा था
उगते हुए सूरज-सा,
रावी की लहरों में
बिम्बित हुआ था वह
कैसी अरुणाई थी
जिसकी चुनौती
स्वीकारी तरुणाई ने,
भगतसिंह, राजगुरु, सुखदेव
सुर्ख़ी से शहादत की
हस्ताक्षर कर गए।
खौलती शिराओं में
ज्वार बन उमड़ा वह
पुतली की लाली में
सपनों-सा छन गया
राष्ट्र की जवानी की
कहानी वह बन गया।
धज भी अलबेली थी
सिर पर सात्त्विकता का
शिरस्त्राण
ख़ुशनुमा कपोलों पर
कश्मीरी केसर-सी
दूधिया हँसी में

फँसीं उर्मियाँ संगमरमरी
मोती-सी रोलतीं।
भारत के चारों धाम
घूमघाम आया था
कोई सवारी नहीं छोड़ी थी
घोड़ा, बैलगाड़ी, ऊँट,
मोटर, रेल, वायुयान
चरैवेति चरैवेति
बेसरो-सामान सदा
ला-मकान।
दरवेशी बाने में
दर-दर की खाक छानी
खेतों-खलिहानों ने
वह मिट्टी पहचानी
फ़ासिस्ती फ्रैंकों की
दहकानी तोपों की
धमक उसने झेली थी
हेमिंग्वे साक्षी है,
काली एबीसीनिया पर
भेड़िये मुसोलिनी के
झपटे गुर्राते जब
काले और गोरे के
ख़ून में भेद नहीं
सारी इनसानियत का
ख़ानदान एक है।
ख़ाका वह खींच गया
जिसमें भरे गए हैं रंग
जवाँमर्द दुनिया के
केनेडी औ' लूथर किंग,
गौतम का पंचशील
नये बोधिवृक्ष-सा
नई जड़ें छोड़ रहा

नई-नई कोंपलें फिर
रोप गया है अशोक
कोरिया औ' कांगो में
अकबर के गुलाब की
लाली फिर फूट रही,
अन्तरिक्ष-यात्रा के
आतुर वैज्ञानिको
एक बार धरती पर
फिर वह उतारो चाँद
खिलखिलाते बच्चों की
नज़रें जो उतार दे
अपना जन्मदिन भी
नौनिहालों पर वार दे
लाओ इनसानी हथेलियाँ
फिर वापस जो
ख़ून से खँगाली
तलवारों की धारों का
पानी उतार दें,
देवता-फ़रिश्ते
बहिश्त को मुबारक हों
धरती चाहती सिर्फ़
मासूमी मुस्कान, शबनमी
ढलान लिये
महज़ एक इनसान
ले जाओ बदले में
क़ारूँ का ख़ज़ाना
औ' कुबेर का अगाध कोष
बाहोश।
इसीलिए करता हूँ
शिवता का आह्वान
जगा रहा हूँ मसान
मरघट की लपटें हैं

सर्जन की बन्दगी
उत्सर्गों से मिलती
क़ौमों को ज़िन्दगी।

मुहूर्तं ज्वलितं श्रेयः

बहादुर शब्द
ऐसा सार्थक
शायद ही कभी हुआ हो
लाल उपसर्ग भी
विरासत में ख़ूब मिला
शौर्य और धैर्य के शास्त्री
सिपाही का बाना तुमने पाया था,
राष्ट्र के पहरेदार
डाकुओं ने कभी
तुम्हें बेख़बर नहीं पाया
शान्ति के सन्तरी
तुम्हारे साये में
अँधेरी आधी रात
हमने खुलकर गाया था,
नेपोलियन-सा क़द था तुम्हारा
जिसे कभी वाटरलू नहीं देखना पड़ा
तुमने हमारे लिए
एक और तीर्थ बना दिया
ताशकंद
सदियों-सहस्राब्दियों जहाँ
आतुर अँकुराएँगी
कोंपलें ही कोंपलें
टूटी जहाँ साँस
वहीं फूटेंगी शाखाएँ

नये बोधिवृक्ष की
कारवाँ के बोझिल पग
गिनते ही गिनते तुम
स्वयं बन गए सराय,
अब तो तुम सभी जगह
दिखते हो अनायास
कभी दूर, कभी पास
वीरवर उड़ाके तुम
उड़ आए साथ-साथ
पहले वायुयान के
लेफ़्टिनेंट लौ ने जब
मिट्ठी राजीव की ली
होंठ वे तुम्हारे थे,
विह्वला विजयलक्ष्मी
जिन चरणों पर लोटी
चरण वे तुम्हारे थे
मस्तक था ललिता का
बनी चिर-सुहागिन जो
तुम्हारे उत्सर्ग से,
आशा करियप्पा के
पुलकाकुल लोल अश्रु
तुम ही थे
सुनते हैं
चौधरी, रहमान और
शौकत के साथ-साथ
पाकिस्तान पहुँचे तुम
बरस पड़े बरखा-से
माँ-बहनों-बहुओं के
आँचल में।
एक साथ यहाँ-वहाँ
घटित हो रहे हो तुम
शान्ति-स्नेह-सार्थ से

करुणा के भगीरथ और
पौरुष के पार्थ से
जहाँ भी चुनौती होगी
तुम होगे
जहाँ भी मनौती होगी
तुम होगे
तुम न तो सिन्धु थे
न हिमालय
केवल सम्बन्ध-सूत्र
स्रोत संवेदन के
गौतम से गांधी तक
रथ-पथ की अमिट रेख
पलकें नम, गुम-सुम
शुभ्र शान्ति-पत्र के
समुज्ज्वल हस्ताक्षर तुम,
अर्थभरी अर्थी
कराकोरम के कंधों पर
उद्घोष करती चली
बड़े शौर्य-साहस से
शान्ति-सौध गढ़ना है,
ईसा को बार-बार
सूली पर चढ़ना है।

महामना

महामना,
मौन हो गए हो तुम
मुखर हो गई है तुम्हारी आराधना
युग की गायत्री के वरेण्य उत्कर्षों में
स्वर्णिम जयंती के ज्योतिर्मय कलशों में,
हे विराट,
चारों ओर तुम ही तुम दिखते हो
रंगों-रेखाओं में
अनहद झंकारों, मूर्च्छनाओं में, ऋचाओं में
भवनों, क्रीड़ांगणों, प्रयोगशालाओं में
अयुत स्नातकों की आतुर आशाओं में
राष्ट्र की धमनियों के उमड़े रक्त ज्वार में
भारत के भावी शौर्य, साहस-संचार में,
भरद्वाज गौतम के
गुरुकुल की यज्ञशिखा
फिर प्रदीप्त तुममें हुई
हिन्दू विश्वविद्यालय में
तक्षशिला, नालंदा दिखते हैं मूर्तिमान
भारत की साधना समुज्ज्वल हो उठी है आज
शंकर के दर्शन-सी ऊर्ध्वमुखी,
झीनी-बीनी पहन
चदरिया कबीर की
रामचरित मानस के

निर्मल नीर की
लहर-लहर लाए तुम
पूत ज्ञान-गंगा के
भगीरथ बन आए तुम,
वीणा वर वादिनि के
वादन उद्‌बोधन तुम
ज्योतिर्मय स्वर्ण वर्ण
भव्य मदनमोहन तुम,
कैसा था उदात्त वेष
पगड़ी की शुभ्रता
बिम्बित प्रतिबिम्बित दिखी
हिमगिरि के शिखरों पर
और उत्तरीय के
आन्दोलित ओर-छोर
दोलित हलकोरों में हिन्द महासागर के।
राष्ट्र उन्नायक, वरदायक, मुक्तिगान के
साधना के ऐसे प्रतिमान गढ़ गए हो तुम
तुम्हारी परम्परा का समुज्ज्वल संवाहक हंस
सहज अवतंस राष्ट्रपति बन जाता है,
ऋषियों के चिन्तन-मनन के मृणाल तंतु
जोड़-जोड़ युग के परिधान नये बुनता है
आध्यात्मिक आस्था से वैज्ञानिक कल्पों का
मंगल-वितान व्योम मंडल में तनता है
महामना मानव की तपस्या से प्रादुर्भूत
भारत का भावी कल्प शुक्ति-मुक्ति चुनता है,
खंड-खंड वसुधा के क्षुद्र भेद-भाव पाट
संस्कृति का नया सेतुबंध फिर सँवरता है,
देवासुर संयुग के क्षुभित हलाहल में
शिवता का अमृत कलश बूँद-बूँद झरता है,
मानव के मंगल अभियानों में
चिर अधीत, स्वर्ण वर्ण किरन बने
पहले प्रभात की,

तुमसे सपूतों से
सदा रहेगी सनाथ
नगरी विश्वनाथ की।

[काशी हिन्दू विश्वविद्यालय की स्वर्ण जयंती के अवसर पर वसन्त पंचमी
14 फरवरी, 1967]

लेनिनग्राद में पुश्किन की प्रतिमा देखकर

अलस सुबह खिड़की के बाहर जो देखा तो
कुहरे में उभरती दिखी प्रतिमा पुश्किन की
दाईं भुजा उठी हुई आह्वान मुद्रा में
होंठों में निरालानुमा विस्मय विमुग्ध मौन,
चारों ओर मैपल औ' लिंदेन के विरल वृक्ष
शब्दवेधी बाणों की पहेलियाँ बुझाते-से
झीने झुटपुटे में एक चिड़िया चहकी ही थी
महिला एक दबे पाँव श्वास-सी निकल गई
पर्णहीन शाखाएँ झूमीं खिसियाई-सी।
चारों पार्श्व चादरें ही चादरें हैं बर्फ़ की
क्यारियों में ट्यूलिप, गुलाब, गेंदे
टोपियाँ लगाए खड़े
गुदगुदी कपास की
कोनों में ओकवृक्ष तने मौन प्रहरी-से।
कौतूहल अनियंत्रित
बरबस जा खड़ा हुआ
शान्त स्निग्ध पार्क में
प्रणत बौद्धभिक्षु-सा।
गौरैयाँ फुर्र फुर्र
उड़ने लगीं इधर-उधर
घुमुरु-घुमुरु चुगते से
साँवले कपोत मिथुन
नीलिमा चुराए

केकी कंठ की।
विद्ध क्रौंच मिथुन की व्यथा का प्रतिनिधि मैं
इकटक निहारता रहा रूसी भारतेन्दु को,
हिमगिरि से उत्तर ध्रुव गंगा लहराती दिखी
काशी में प्रवाहित दिखा पुण्य-पाथ नेवा[1] का

1. काशी की गांगा के ही समान लेनिनग्राद में बहनेवाली नदी जो बाल्टिक समुद्र में गिरती है।

लेनिन की समाधि पर

धीमे चलो, धीमे चलो
पलकें झुकाए रहो
मन्दिर प्रवेश में विनम्र मौन होता है
दुनिया के दलितों, प्रपीड़ितों और शोषितों का
रक्षक, उद्धारक, मसीहा यहाँ सोता है,
पैरों की आहट से
जाग न जाये कहीं
जीवन भर सोया नहीं
श्रमिकों का श्रमिक वह
अनाथों का नाथ था
कोई एक देश नहीं
सारा युग साथ था
उसका न कोई धर्म
जाति या बिरादरी
वह था मानवता का
मुक्तिदूत, अग्रदूत
ऊर्ध्वबाहु ज्योतिर्मय
उद्घोष करता गया
धरती पर मानव से
श्रेष्ठ और कुछ नहीं।
छिगुनी पर जन-मन गोवर्धन उठाए था
सौ-सौ इन्द्र क्या बिगाड़ सकते थे उसका।
अद्भुत करिश्मा किया
युग-युग के दलितों को

उठाया धूल मिट्टी से
सिंहासन एक का
सबका बना दिया,
समता-स्वतंत्रता के
स्वप्न मूर्तिमान किए
दुनिया के शोषितों को
बाँध भाईचारे में
साथ-साथ जीना और
मरना सिखा गया।
विजय-विभूति बनी चेरी
मिली अनायास
योगिराज कृष्ण और
धनुर्धारी अर्जुन-सी
जोड़ी मार्क्स-लेनिन की।
यहाँ कोई मन्दिर नहीं
मसजिद नहीं, गिरजा नहीं
फिर भी है अपार भीड़ भक्तों की
देश-जाति-धर्म-वर्ग-रंग
भेद-भाव भूल
मनु की सन्तानें खड़ीं
श्रद्धानत, सजल नयन
खोजती-सीं चारों ओर
मौन मुक्तिदाता को।
लाल चौक क्रेमलिन का
विश्व का महान् तीर्थ
जिसमें सुरक्षित है
थाती जन-जन की
बाती जल रही अखंड
पावन उत्सर्गों की
झंझाएँ झुकीं-झुकीं
चँवर डुलाती-सी।
धीमे चलो, धीमे चलो

पलकें झुकाए रहो
यह है समाधि
विश्व-प्रेम के पुजारी की।

होटल यूक्रेन और शेव्हचेन्को

होटल तीस-मंज़िला यह
शाही ठाट
फिर भी है सर्वसुलभ
सोवियत की महिमा,
प्रति प्रभात जुड़ जाती
प्रतिनिधि मंडलों की भीड़
संध्या समय मेहनतकशों के क़हक़हे
नृत्य-गान, राग-रंग
अलियों की अलमस्ती,
कहीं नई वधुओं का
साज-श्रृंगार भोज
गूँजता ठहाका, शोर
पोर-पोर रसमय,
सामने ही अनिर्बंध
मन्द-मन्द ताल छंद
सुआ-सी पढ़ाती
इठलाती चली जा रही
नव-मुग्धा मस्कुआ,
चारों ओर अभ्रभेदी
उन्नत प्रासाद शिखर
शुक्र-शनि-मंगल सब
प्रतिबिम्बित धरती पर,
लगता ज्यों सेज छोड़
अँगड़ाई लेती हो

अँगना अनंगमयी,
विवृत जघना
टोहती-सी पंजों से
शयनपूर्व त्यक्त रिक्त
रत्नजटित पैतापे,
प्रांगण में शुभ्र श्वेत
गुलगुला गलीचा बिछा
मोटरें भी ओढ़े खड़ीं
सेमल की दोहरें,
बाड़ों पर जगह-जगह
चौंके-से खड़े अड़े
फ़ाहों के ख़रगोश
यूक्रेन का ख्यातनामा
गायक कवि शेव्हचेन्को
प्रहरी-सी खड़ा तना
धूमकेतु पुच्छों को
अपलक निहारता।

आनो भद्राः क्रतवो यन्तु विश्वतः

मारीशस

[प्रथम यात्रा 17 जुलाई, 1967]

मारीशस की मिट्टी बड़ी मीठी है
धरती पर नन्दन वन की हरीतिमा
प्रियतमा पुरुरुवा की
आई थी विहार करने
गंधमादन पर्वत पर
रति की लिप्सा में लिपटी मनुहारिनी
धोखे से कुमार वन में पैठ गई मुग्धा-सी
तन्वंगी लतिका बनी बन-बन विहारिणी,
लहरों की थपकी से
थिरक-थिरक जाती
और मचल-मचल उठती
कौमार्य के उभार में
परीताल में तिरती
सिहरन उसी की है
अँगड़ाई इठलाती
सागर के ज्वार में
संगमनीय मणि कहाँ पाऊँ
हाय खोजूँ उसे
लाल-लाल माटी के मरकत कछार में
उसकी ही मधुरिमा तो
फूट-फूट फैली है
ईख की क़तारों की संचित रसधार में
मारीशस, तेरी सुषमा पर

पागल हुआ जाता हूँ
बरबस लुटा जाता हूँ
मादक खुमार में
तू ही है विष्णु की विहारभूमि
शेष शैया
कितनी संस्कृतियों की शुभ्र संगमस्थली
आर्यों के शौर्य की
कहानी अनजानी
बनी लक्ष्मी पटरानी आज
बनवासी मैथिली,
मैं हूँ प्रतीक्षातुर
कब हो देवोत्थान
यक्ष शापमुक्त
कब बिहरे इस बन में
मेरी मूक भारती
मरालिनी मुग्ध मानस की
तेरी यश गाथा
फिर गुंजाए जन-जन में।
आदिविंदु प्राची का
तेरे लिए लाया हूँ
ऋण गुरुदेव का
चुकाने आज आया हूँ
पाल वर्जिनी की
समाधि पर चढ़ाता हूँ
रूपमती-बाजबहादुर की रागिनी।
कल की हतभागिनी
आज सौभागिनी
भारत का प्यार ले
पुकार ले पपीहे की
काम घनश्याम की
छबीली सौदामिनी
हिन्द महासागर की

अनबींधी मोती तू
गुँथ जा बन मुक्तिमाल
वारिधि विलासिनी।

मारीशस

[दूसरी यात्रा 9 मार्च, 1971]

लगभग चार वर्ष बाद
आया हूँ मारीशस फिर
पत्नी-बन्धु-बान्धवों को
छोड़ने की बेचैनी
बिछुड़े प्रीतिभाजनों से
मिलने की व्यग्रता,
हिन्द महासागर के
बीचोबीच उड़ता हुआ
कल्पना औ' सत्य के
सन्तुलित पंखों पर,
नीलाम्बर सिन्धु सा
प्रशान्त स्निग्ध छाया है
अम्बुधि श्वेत झाग भरे
बादलों-सा बिखरा
मारीशस औ' भारत को
बाँध गया है अदृश्य
भूत, वर्तमान और भावी के सपनों से
तप:पूत ऋषियों की संचित आराधना
दिक्-काल सीमा के व्यवधान पाट रही
ढाल रही गंगाजल
संस्कृति के कलशों में।
बचपन में सुनता था
बुधुआ को फुसलाकर

पकड़ ले गया है कोई
मिरिच के टापू में।
उसकी माँ का विलाप
करुणा कातर कराह
वर्षों तक छाई रही
दुर्दिन की बदली-सी।
ऐसे कितने ही लाल
गर्दिश के चक्कर में
अपनी माँ-बहनों से
सदा को बिछुड़ गए,
कह सकना मुश्किल है
हिन्द महासागर में
कितनी असहाय मूक
विगलित व्यथाओं का
खारापन मिला हुआ,
कितने उच्छ्वासों के
बादल बरसे हैं यहाँ
विवश विषादपूर्ण
अमा के अँधेरे में।
सदियों बाद बिछुड़े बन्धु
मुक्ति की हिलोरों में
ललकभरी नज़रों से
ऐसे निहार रहे
जैसे बनवास बाद
राम-भरत दोनों ही
एक दूसरे की जटाएँ
निरवारते हों।
मुझको याद आ रहे
अनजाने, अनगाए
अनगिन पितामह वे
चले गए जो अनाम
आजीवन कलप लिये

अपनों से मिलने की,
जिनके रक्तसीकरों से
माटी है यहाँ की लाल
कुचले अरमानों की
वेदी पर बिखर गए
पी गए हलाहल
दैन्य कटुतामय जीवन का
मारीशस के पोर-पोर में
मिठास भर गए।
उनके ही दुर्धर संघर्षों का अमर बीज
अप्रतिहत आस्था का अंकुर बन फूटा है
टूटा है धनुष परवशता के बन्धनों का
राम के स्वयंवर का पुण्य पर्व आया है
धरती की बेटी ने जयमाला डाली है।
शौर्य आर्यपुत्रों का पुनः जगमगाया है,
ऐसे त्योहार पर पुजारी महाकाल का
प्यार-मनुहार की सौगात लिये आया है
पुंगीफल कामरूप, गंगोत्री गंगाजल
कुंकुम अवंतिका का काशी का पीताम्बर
दही चिउरा मिथिला का, सत्तू तीर्थराज का
चन्दन रामेश्वर का, भात जगन्नाथ का,
जीवटों के दीवटों में नव जीवन ज्योति जले
मथुरा के माखन में मिसिरी मारीशस की मिले
नवयुग का आह्वनीय अग्नि हो प्रदीप्त यहाँ
यज्ञवेदियों से उठें अर्चियाँ ऋचाओं की
गूँजें संस्कृतियों के समन्वय की सामध्वनियाँ
स्नेह-सौहार्द की फुहारें मुक्त बरसें
सिद्ध 'वसुधैव कुटुम्बकम्' की साधना हो
मारीशस में मानवता फूले-फले सरसे।

मारीशस से विदाई

मारीशस की यात्रा आज पूरी हुई
लौट रहा हूँ स्वदेश, भारी मन
लगता है अभी-अभी आया हूँ
मिलने की पुलक-ललक
अभी है अधूरी ही
चलने की तैयारी
परवशता, लाचारी।
पन्द्रह दिन, पन्द्रह क्षण
बीत गए कब कैसे?
ऐसी स्नेहातुरता
पढ़ी-सुनी थी केवल
पानी से रक्त सदा गाढ़ा है।
मीलों तक ईखों के बीच
बहुत घूमा हूँ
लोटा हूँ संगमरमरी
सिकता की शैया पर
सिहरन बन सागर की।
झाऊ की, सघन झुरमुटों में
मौन, चाँद का चहेता बन
लहरों-सा टूटा हूँ
छूटा हूँ छटाओं की
छहरी हरियाली में
झीनी फुहारों में
फुरफुरा उठे फिर पर

चुलबुल गौरैया के।
चारों ओर मारीशस में
गूँज रहीं शंखध्वनियाँ
गायत्री मंत्रों से
अनुरंजित प्रति प्रभात
नये सर्जकों ने नया
स्वरारोह साधा है,
अँगड़ाई लेती-सी
वाणी की विह्वलता
रूठी मनुहारों से
तूठी अनुराधा है,
मारीशस ने गढ़ डाले
नवयुग के नये तीर्थ
जातवेद जाग्रत
समर्पित संकल्पों में,
भारत औ' मारीशस के
बीच, हिन्दसागर की
लहरों ने जोड़ी है
जीवन की निरन्तरता,
कितने हार-फूलों का
बोझा लिये लौटा हूँ
चर्चित नव-कुंकुम से
आनन अनुराग का,
सुलग उठी फिर से
पुरानी प्रीति पावक-सी
पावन हो गई है
नवागत की अर्चना।

सतत खोज

मैं अपने गाँव जाने में डरता हूँ
बैसवाड़े का वह नीड़ मुझे डसता है
जहाँ मेरी माँ ने मुझे जना, पाला, पोषा
उसके बलुहे खेतों, बागों, गलियारों से
आती सोंधी सुगन्ध माँ के पसीने की
बरबस मसोसती जो, तन-मन कँपाती है
अपनी ही श्वास के उफ़ान में हँफाती है
        मेरी माँ को दमा था।

उसने मुझे क्या-क्या खिलाया-पिलाया
गर कुछ-कुछ धुँधलाया
पर दुनिया के छप्पन व्यंजनों में भी
वह स्वाद नहीं आया,
अटका है आँखों में उसका जर्जर शरीर
आँखें गड्ढों में धँसीं, स्नेहसिक्त, मूक पीर
विदा समय चरणों की
उभरी नसों में पड़ गया हाथ
सिसकी नहीं, केवल उसाँस खींच रह गई
        मेरी माँ को एक्ज़मा था।

मिट्टी के कच्चे घरों की मुँडेरों पर
टूटी छाजनों के चौबारों में, घेरों पर
अरगनी, घिनौची, नहा, अँगना या डेहरी पर
माँ की मूर्ति दिखती है अहर्निश अविराम

मैंने उसे अचल कभी नहीं देखा
लगता है अन्तिम साँस तक भटकता रहूँ
उसकी ही खोज में—एक सतत खोज में
मेरी माँ का हर काम रवाँ था।

हतो वा प्राप्स्यसि स्वर्गं
जित्वा वा भोक्ष्यसे महीम्!

फ़ौलाद ढले

(1)

आज़ाद देश की नई परीक्षा हुई शुरू
        क़ुरबानी का फिर नया ज़माना आया है,
फिर नई चुनौती वहशी हूणों की आई
        फिर नये राष्ट्र ने भैरव राग गुँजाया है।

बंगाल हुआ घायल तो सागर हुंकारा
        छप्पन करोड़ लहरों की फिर ललकार उठी,
हर नौजवान चल पड़ा हथेली पर सिर ले
        बलिदानों की वेदी पर लौ धुधकार उठी।

घर-घर की भट्टी का तापक्रम तीव्र करो
        जिसमें तपकर सब भेदभाव की खोट गले।
फ़ौलाद ढले, फ़ैक्टरियों से फ़ौलाद ढले॥

(2)

हर साल दिवाली पर मिट्टी के दीप जला
        हम अन्धकार से लोहा लेते आए हैं,
इस वर्ष जल उठे आहुतियों के उत्सर्ग दीप
        घनघोर अमा के तार-तार थर्राए हैं।

हम कालकूट पीने वाले प्रलयंकर हैं।
तांडव की तालों पर असुरों को रौंदेंगे
कल जिसको हमने चूल-मूल से हिला दिया
उसको बम-बम की गूँजों से थहरा देंगे।

हर भारतवासी जलती हुई मशाल बने
हर क़दम-क़दम पर दुश्मन की छाती दहले
फ़ौलाद ढले, फ़ैक्टरियों से फ़ौलाद ढले।

(3)

माँ के लाड़लो दूध की क़ीमत अदा करो
सर पै केसरिया कफ़न बाँध झूमो मचलो।
माताओ-बहनो दुर्गा-चंडी बनो आज
महिषासुर के मद का मर्दन करने निकलो।

चामुंडा के मुंडों की माल अधूरी है
काली के कर का खप्पर अब भी रीता है।
जो हौंस हुमस से वरण मौत को करता है
वह राष्ट्र अमर हो जाता, युग-युग जीता है॥

जय हिन्द-हिमालय की शीतल उच्छ्वासों से
विस्फोटक ज्वालामुखी दग्ध लावा उगले।
फ़ौलाद ढले, फ़ैक्टरियों से फ़ौलाद ढले॥

सिपाही का पत्र

मेरे देशवासियो
पत्र लिख रहा हूँ तुम्हें मौत के दहाने से
गंगा-जमुना औ' ब्रह्मपुत्र के मुहाने से
मूल्य मानवता के
समूल नष्ट करने को
उद्यत है अनाचार
सत्य, प्रेम, आस्था के
मानदंड पर प्रहार,
दो की लड़ाई नहीं
सरहदी झगड़ों की
प्रश्न है कि विश्वशान्ति
कुत्तों की मौत मरे या कि जिए
जीवन के सत्त्वों की महिमा प्रशस्त किए,
युद्ध यह नहीं है
राम काज है हमारे लिए,
समर मरण पुनि सुरसरि तीरा
राम काज क्षणभंगु शरीरा
नाम क्या बताऊँ बन्धु
पुत्र दीन विधवा का
पाला गया
आहों और आँसुओं की तौल पर
जीवन के अभावों से
जूझता, झुलसता
विगलित विश्वासों और

करुणा के मोल पर
ग्राम का पता क्या दूँ?
भारत के सारे ग्राम एकसे ही दिखते हैं
गलियारा, बैलगाड़ी, झोंपड़ियाँ फूँस की
खेतों की मेंड़ों पर फ़सलों-सी खिलखिलाती
लहँगों की लहरों पर झूमती चुनरियाँ
संध्या की लाली में नहाती-सी
रँभाती गाय, बछड़ों को चाटती।
तीन दिन हुए आज खंदक में पड़े-पड़े
आग, धुएँ, विस्फोटक मौत के साये में
एक प्रहर से कुछ-कुछ शान्त है वातावरण
शान्त, जिसे सैनिक शान्ति कहते हैं
वरना कराहों से कान फटे जाते हैं
भेड़ियों के दाढ़ों की दरारें दरदराती हैं
बर्फ़ की पर्तें पड़ रही हैं ओवरकोट पर
ठिठुरन-सी दौड़ गई हड्डी तक
मज्जा भी जमती सुन्न होती नज़र आती है
गरमी के नाम पर
माँ के ममत्व और
प्रीति-भीति परिणीता की स्मृति ही शेष है
चिड़ियों की चहचह के साथ-साथ
किलक-किलक उठती हँसी
दुधमुँहे नटखट की।
दिख रही है माँ की
डबडबाई आँख
डूबता दिल
पंचायत का रेडियो ही जिसका सहारा है
टूटी खटिया में पड़ी
ताक रही आसमान
आँगन के बीचोबीच चमक उठा तारा है,
कोई कहला दे उसे
माँ तू न धीरज खो

शीष पर मेरे
तेरे आशिष की छाया है,
तेरा ही नाम ले-लेकर तो जूझ रहा
नरमेधी गिद्धों के पंजे मरोड़ता
चट्टानी चोटों से ख़ूनी चंचु तोड़ रहा,
दूध की खाकर शपथ
कहता हूँ हे अम्बे
वीर माताओं का विरद न खोने दूँगा
लौटा तो मिलूँगा ललक
मस्तक पर चरणरज
मल-मलकर, पुलक-पुलक
अथवा माँ
पुण्य कोख तेरी
कलंकित न होने दूँगा।
कौन तुम?
माँ के पास खड़ी-खड़ी सिसक रहीं
हिचकियाँ लेती औ'
जल-जल पिघलती मोमबत्ती-सी
झंझा में झकझोरी पीपल की पत्ती-सी,
तुमसे आशा न थी
ऐसा दिल छोटा करोगी इस दुर्दिन में
कातर बनोगी यों
ढालोगी अमंगल अश्रु
मंगलमय क्षण में,
पूजा का समय है
खुल गए कपाट चंडी के
लामो अगरु, अक्षत औ' रक्तकमल
रक्त सीकरों से सिंच-सिंचकर जो खिलता है
एक का प्रश्न नहीं
राष्ट्र पर संकट है
मेरे समान ही सहस्रों
बलि होने को

होड़ कर रहे हैं यहाँ
ऐसा सौभाग्य
बड़ी मुश्किल से मिलता है।
एक छटपटाहट-सी
मुझको भी मथ रही
मिटने के पूर्व
एक बार तुम्हें पाने की
रागमयी सिंदूरी द्वाभा की लहरों में
डूब-डूब जाने की,
समय नहीं सोचने का
बलिदानी बेला में
राष्ट्र के महान मुक्तिपर्व
खेल—खेला में,
मुझे प्यार करती हो तो
इतना ही करना प्रिय
बच्चों को अनुभव न हो अनाथपन का,
बड़े होकर गर्वित हों
लेकर पिता का नाम
बार-बार पुलकित हो रोम-रोम उनका,
करुणामयी, घूँटो अश्रु
कठिन क्षण परीक्षा का
फिर विकल्प कैसा है?
नारी का भाग्य
सदा से ही रहा ऐसा है
भीतर से जलती औ'
बाहर मुस्कराती हुई
गौरव बढ़ा दो मेरे पौरुषपूर्ण प्रण का,
आग से खेलना
सिखाओ नन्हे-मुन्नों को
भावी सन्तानों को दाय यही देनी है,
शौर्य-धैर्य-उत्सर्ग युग की त्रिवेणी है।
आऊँगा, आऊँगा

निश्चय ही आऊँगा
विजयी तिरंगे की तरह फरफराता
अर्जुन का क़ौल
आज थिरक रहा जिह्वा पर
दीन न बनूँगा और
पीठ न दिखाऊँगा,
लाऊँगा, लाऊँगा
रण की बहुमूल्य भेंट
रुद्ध राष्ट्र-गौरव के मुक्ति गीत गाता।
सम्प्रति जल रहा हूँ
हिम-मंडित शिखरों पर दीप्त
अमा के अँधेरे को
दलता, ललकारता
अमर राष्ट्र के
अचल सुहाग की अखंड ज्योति
उष्ण रक्त के
अमोघ अर्घ्य से सँवारता।

विजयादशमी

(1)

आता प्रतिवर्ष पर्व विजयादशमी का जब
राम और रावण का युद्ध हम रचाते हैं
दुहराते रूढ़ियाँ सगर्व रामलीला की
गौरव-गुमान भरे विजय-गान गाते हैं
रावण का भीमकाय पुतला बनाते हम
पेट में पटाखे, सर गधे का लगाते हैं,
उत्सव उल्लास बीच बच्चे बन जाते सब
हल्ला मचाते ख़ूब आग जब जलाते हैं।

(2)

ऐसे में आ गई चुनौती किसी रावण की
राघव के लाघव की गाथा दुहरावै कौन?
बारह वर्ष नींद, नारि, अन्न छोड़ लक्ष्मण-सा
इन्द्रजीत छलिया का सुयश ढहावै कौन?
धरती को निशिचरहीन करने का प्रण ठान
आज आजानुभुज अपने उठावै कौन?
सोने की लंका में बंदी बिलखाती दीन
भूमिसुता सीता की लज्जा बचावै कौन?

(3)

ऐसा कहाँ पवन-पुत्र लाँघ जो समुद्र जाय
सेतु बाँध डालने की हौंस हुमसावे कौन?

शक्तिबाण लगते ही द्रोणाचल उठावे और
        घायल हिमालय को ढाढ़स बँधावे कौन?
क्षार क्षार कर डाले स्वर्ण के कंगूरों को
        शीश दश दिशाओं के दर्पित झुकावे कौन?
दक्षिण में सिन्धु पार छाया शौर्य राघव का
        उत्तर में विजय-पताका फहरावे कौन?

(4)

इसी पर्व पर फिर ललकारा गया भारत को
        सोए सिंह सहसा दहाड़ उठे दुर्निवार
शमी वृक्ष रक्षित निज मंत्रपूत अस्त्र-शस्त्र
        तरकस धनुष सनाह सत्वर लाए उतार,
'मरकर लो स्वर्ग या भोगो मही' उद्घोष
        ध्वनित हो उठा फिर हिम शिखरों के आर-पार
अपराजित पौरुष झकझोर गया, खौल उठा
        ख़ून धमनियों का, तम-तोम हुआ तार-तार।

(5)

युग के अगस्त्य को हिमालय दे राह और
        महावीर की छलाँग हिमवान लाँघ जाय,
ऊर्जस्वित भारत का भेदभावना विमुक्त
        उत्सर्गी नया क़ौल नया सेतु बाँध जाय,
घर-घर में दीपक सँजोए जायँ, निष्ठा के
        अमा का अँधेरा जिन्हें देख-देख थरथराय,
एक बार जगकर न सोए राष्ट्र अहोरात्रि
        विजयकेतु विजया का द्वार-द्वार फरफराय।

नया संवत्सर—नई तिथि

साक़ा नया चला दिया
फिर से नये विक्रमों ने
अगली यात्राएँ
अब यहीं से गिनी जाएँगी,
बहुत दिनों बाद
क़दम मिले शूरमाओं के
नब्बे कोटि क़दमों की
एक चाप
एक दाप
चरैवेति, चरैवेति
बढ़ते चलो, बढ़ते चलो,
सदियाँ ज्यों जाग उठीं
लेकर अँगड़ाइयाँ
चकाचौंध भरी आँखें
मल-मल निहारतीं
जर्जर जिहाद की
उधड़ गईं थिगड़ियाँ,
कल के छोकरे ये
अभी रेखें तक फूटी नहीं
कैसे मरोड़ आए
टैंकों की कलाइयाँ
मट्ठे-सा पी डाला
पिघले इस्पात को,
साहस की ऐसी आँच

होती हो तो होती हो
पहाड़ों के गर्भ में,
नन्हे नन्हे झरनों का
ऐसा उमड़ाव—
स्राव, प्रबल-प्रवाह, ज्वार
सिन्धु झेल पाएगा?
मछुए आसमान में
उछाल रहे डोंगियाँ,
लहरों के शिखरों पर
थिरक रहे झूम-झूम
कालिया के फनों पर
फेनिल जुझाऊ नृत्य,
वक्ष हो गया विदीर्ण
भीषण दरारें ही दरारें हैं यहाँ-वहाँ
लक्ष-लक्ष कमल कहाँ?
जाल का एक छोर फेंकते ही
फड़फड़ाते फँसे घिसट आए
बौराए-से बड़े-बड़े मगरमच्छ
दूसरे में उलझ-बिलझ
लिपटा चला आया है
तस्कर हिरण्याक्ष
फिर से ले भागा था
वसुन्धरा विश्वम्भरा
ग़ाफ़िली का लाभ उठा।
हुमस गया आज अतल
अब तो रसातल भी
शरण दे सकता नहीं,
वामन के तीन डग
फिर से उभर उट्ठे हैं
एक से धरती औ'
दूसरे से आसमान
तीसरा पड़ा अचूक

दुश्मन की पीठों पर।
क्षण-भर तो ठहरो वीर
क़दम न रुकते हों तो
चाल-ताल करते रहो,
क्षितिज को झुकाने का
ऐसा गर्वीला हठ?
फूट-फूट फैली है
आभा अरुणोदय की
द्विजों की चहचहाहट में,
धीरे से पन्ना पलट दो
काल-पत्र का
आज नई तिथि है
नये संवत्सर की।

ज्योतिपर्व

सदियों की साध लिये
ज्योतिपर्व आया है
अन्धकार अन्धड़-सा
बेहद शरमाया है,
माँझी कर रहा वार
कुहरे के आर-पार
धारा का कूल कहीं
धुंध में समाया है।
भीमाकार भालू-सा
आतंक अम्बर का
अम्बुधि को लील रहा
आस्था का बीज किन्तु
कहीं-कहीं लहरों में
उन्मथित चुनौती-सा
सहज सुगबुगाया है।
धूमयोनि धाराधर
सूर्य का सगोती-सा
मिट्टी के दीपक में
स्नेह छलछलाया है।
जलना है, जलना है
अमा का अँधेरा तो
छलना है, छलना है
लाभ उठा ग़ाफ़िली का
चोरी से पैठा है

किन्तु दीप द्वार-द्वार
प्रहरी-सा बैठा है
दुहरी सजगता में
पिछले प्रमाद की
प्रताड़ित विकलता में
जीवन की जड़ता में
ज्वार कसमसाया है
ज्योतिपर्व आया है।

नया कल्प

पन्ने पल्टो
पन्ने पल्टो
भारत की नई जवानी ने
इतिहास नथा लिख डाला है,
भूमिका भाग में
रघु की दिग्विजयों का कहीं हवाला है,
पढ़ लो, पढ़ लो दीवारों पर
तरुणाई ने जो गरम ख़ून से
नई इबारत लिक्खी है,
यह शौर्य-सूर्य की गाथा है
हर अन्धकार थर्राता है
सागर का ज्वार उमड़ता है
धरती का धीरज गाता है।
सम्मिलित राष्ट्र ने भैरव स्वर में
ऐसा सरगम साधा है
साँसों में ज्वालामुखी बन्द
तूफ़ान क़ैद हैं मुट्ठी में
सब जात-वर्ग-फ़िरकेबाज़ी की
खोट गल गई भट्टी में
सदियों का रुद्ध उबाल
उमड़ता लावा-सा उफनाता है।
ऐसे दल के दल उमड़ उठे
गुरुदेव घनों में घुमड़ उठे
'मातिया जखन उठेछे परान

किसेर आंधार, किसेर पाषाण।'
शस्त्रों की क्या औक़ात
सरफ़रोशों का होता साथ बड़ा
बलिदान वाँकुरे वीरों के
बर्बरता को फिर बता गए
हथियार बड़ा या हाथ बड़ा?
हथगोले से पैटन ढहते
नेट ने जेट मटियामेट किए
यों ही देवासुर समरों में
इन हथेलियों ने पहले भी—
थे सातों सागर फेंट दिए।
संकट की ऐसी घड़ियाँ तो
पहले भी हम पर बीती थीं
बानरों भालुओं से हमने
सोने की लंका जीती थी,
जिसने सोनार बांगला पर
ज़हरीली ज्वाला उगली है
जिसने कश्मीरी केसर पर
बारूदी धुंध उछाली है
उसका कोई ईमान नहीं
उसका कोई इमक़ान नहीं
उसकी खूँरेज़ी, आगजनी
पामाली ही पामाली है।
यह जाति धर्म के नारों का
सिक्का बिलकुल ही जाली है,
हम प्रेम-नेम के दीवाने
हम विश्व-शान्ति के हरकारे
तुलसी-रहीम, ग़ालिब-रवीन्द्र
के स्वर हमने ही गुंजारे
किसके बहकावे में आकर
तुमने सब तार तोड़ डाले
घर की ख़ुशहाली दूर हुई

पड़ गए जान के भी लाले,
कैसे बेमौक़े तुमने ये
मज़हब के शोले सुलगाए
मानव-मंगल-अभियानों में
जब नया कल्प आरम्भ हुआ
जब चन्द्रलोक की यात्रा के
सपने सच होने को आए।
तुम राग अलापो मज़हब का
पैगम्बर को बदनाम करो
नापाक हरकतों से अपनी
नस्लों का क़त्लेआम करो
हम प्रजातंत्र में मनुष्यता के
मंगल-कलश सँवार रहे
हर जाति-धर्म के लिए
खुला आकाश-प्रकाश पसार रहे

यह वही बुलंदी है जिसने
तुमको यह पाठ पढ़ाया है
उत्सर्ग हमारा आज
हिमालय की चोटी छू आया है।

बढ़-बढ़ कर बातें करने की
बलिदानी रटते बान नहीं
इतना तो तुम भी जान गए
यह कल का हिन्दुस्तान नहीं

आस्था हो उठी है अदम्य
अब शिकन नहीं है माथों में
नेहरू की नेक वसीयत
आई है फ़ौलादी हाथों में

इंदिरा नाम है राष्ट्र चेतना के
प्रलयंकर कल्पों का

इंदिरा नाम है नये राष्ट्र के
अप्रतिहत संकल्पों का

जो कीर्तिमान बन गई
राष्ट्र के शौर्यों, औदार्यों की
इंदिरा हिन्द की शान
आन आर्यों की

बहबूदी अगर चाहते हो
अपनी या मेरी नहीं
पीढ़ियों की, पीड़ित मानवता की
तो मिल-जुल कर कोई ऐसी
एटमी शक्ति ईजाद करो
जिसमें नफ़रत, फ़िरक़ेबन्दी
मज़हबी फ़सादों का
ज़हरीला-मूल बीज
बिहरे-बिखरे
मानव-निष्ठा की ठोकर से
ककड़ी के भेजे-सा
छितरे-छहरे,
औ' नस्लों की नरसरी
फले-फूले मौसम के झूले में
अंकुर फूटें, कोंपल लहके
गमके महके हर फुलवारी
सब प्यार-अमन की दुनिया में
ख़ुशबू की बहरों में बहकें
केसर की क्यारी को चूमें
मलयज की बाँहों में झूमें।

परिशिष्ट

मैं समझा था मर गया, अभी तो ज़िन्दा हूँ

(1)

कुछ ऐसी बदल रही दुनिया जल्दी-जल्दी
फँसती जाती है ख़ुद अपने ही फंदे में
जीवन का रस रिसता जाता धीरे-धीरे
दिन-दिन की बढ़ती महँगाई में, मन्दे में।

सब धर्म-कर्म बिक रहे बज़ारों-हाटों में
कुछ फ़र्क़ न दिखता सटोरिए में, बंदे में।
मेरी क़िस्मत ने कुछ ऐसा चक्कर खाया
फँस गया एक दिन कूटनीति के धंधे में।

बाज़ार गर्म है जहाँ फ़रेबी चालों का
चुगली करने का चस्का-सा लग जाता है
इनसान बिचारा मारा-मारा फिरता है
ईमान दुबककर दबे पाँव भग जाता है।

दुश्मन बन जाते मीत, मीत दुश्मन बनते
भाईचारा चारासाज़ी हो जाता है।
जो भी आता है फूलों-सी मुस्कान लिये
जाते-जाते पथ पर काँटे बो जाता है।

हर पार्टी में ऐसी रंगीनी छाती है
जैसे धरती पर इन्द्रधनुष उग आया हो

मद-मादकता के दौरों का तो क्या कहना
प्याले-प्याले में पूनम-निधि उतराया हो।

लिपस्टिक, रूज़, लैवेंडर, इवनिंग पैरिस की
ईथरी गमक में तन-मन बौरा जाता है।
बेचारी नीति बराए ताक़ धरी रहती
मांसल उभार में कालकूट उफ़नाता है।

कविता-सविता मेघाडम्बर में छिप जाती
प्रज्ञा संज्ञाहत चमत्कार दफ़नाता है,
कल्पना कला कलहंसों की कलँगी बनती
मन का पंछी भी कॉकटेल बन जाता है

अनुभव से ही उसका सम्बन्ध अधिक भाई
उस दर्द-तड़प अन्दाज़-सोज़ का क्या कहना,
नकली बातों, नकली दाँतों की क्या बातें
नकली केशों, नकली उरोज का क्या कहना।

जब ऊब गया जी कूटनीति की दुनिया से
परदेशी मन को घर की याद बड़ी आई,
सब छोड़-छाड़ चल दिया भरथरी बाबा-सा
पिंगला प्रियतमा फिर मन-ही-मन मुस्काई।

फूला-फूला लौटा अपनी फुलवारी में
पर फूलों ने जाने क्यों आनाकानी की
कोयल बुलबुल की चहक न थी पहले जैसी
आपस में कानाफूसी थी अनजानी-सी

शक-सन्देहों के डेरे थे बाज़ारों में
भाई-भाई से अपनी आँख चुराता था,
पहचान पड़ोसी-परदेशी में शेष न थी
घर का कुत्ता घरवालों पर गुर्राता था।

बिन बादल बिजली कौंधा करती है जैसे
तकती थीं आँखें छज्जों और झरोखों से
आँखों का पानी मरता जाता था पल-पल
गेहूँ की बाली रूठ गई थी भूखों से

अब तो आज़ादी मिले दशक दो बोत चले
अब तो घर, आँगन, आसमान सब अपना है,
अब तो हल, बक्खर, बैल, खेत सब अपने हैं
अब भी क्या रामराज्य सपना का सपना है।

क्या अभी पेट भर रोटी हमें नसीब नहीं
क्या अभी हमारे चाचा-ताऊ नंगे हैं,
क्या अभी अकालों के गिद्धों का जमघट है
क्या ग्राम-नगर में डगर-डगर भिखमंगे हैं।

यह बात दूर की लगती है लेकिन जैसे
भूतों ने डेरा डाल दिया हो मधुबन में
घर की खूँटी हो निगल गई मणिमालाएँ
कंचुक केंचुल, जोंकें लिपटी हों कंगन में।

खलिहानों से घर, घर से हाट पहुँचने में
फ़सलों को कोई डाइन चट कर जाती हो,
आज़ाद राष्ट्र दुनिया भर का भिखमंगा हो
समता, स्वतंत्रता दर-दर हा-हा खाती हो।

जब दम घुटने-सा लगा अजनबी भीड़ों में
साहस-सहिष्णुता से भी और न सहा गया,
दर-दर पर दस्तक दी जन-जन से प्रश्न किया
गौतम-गांधी का देश हमारा कहाँ गया?

ताऊ कबीर ने जिस अल्हड़ फक्कड़पन से
अपने युग के पाखंडों को झकझोरा था,

बेलाग़ बुलन्दी की वाणी वह कहाँ गई
        ख़ुद पड़ा राम को जिसके लिए निहोरा था,

ऐसी महफ़िल में अपना रोना क्या रोऊँ
        अपनी आकृति ख़ुद मुझको लगती जकी-जकी
जिसकी कविता सुरसरि सम जनहित कर न सकी
        तुलसी बाबा मैं वही मूढ़ मतिमन्दा हूँ
मैं समझा था मर गया, अभी तो ज़िन्दा हूँ।

(2)

ऐसी गुंडागर्दी में क्या मैं मौन रहूँ,
        क्या क्लीवों का बाना पहनूँ, मटकूँ गाऊँ?
या आग समेटूँ बिखरे-बुझते चूल्हों की
        दावाग्नि ज़माने की दावा-सी दहकाऊँ?

वाणी की चौकीदारी से इस्तीफ़ा दूँ
        या इन्क़लाब के शोले फिर से सुलगाऊँ
या क़लम डुबाऊँ फिर सूरज की सुर्ख़ी में
        फिर अन्धकार को दागूँ, लंका धधकाऊँ?

इन झुलसी झोंपड़ियों का कायाकल्प करूँ
        या अर्थी ढोऊँ मीनारों की, ताजों की
या धरती की धमकन हुमसाऊँ, उलटाऊँ
        काली नक़ाब वोटों के सट्टेबाज़ों की?

हर उजड़ी बस्ती की वीरानी वादी में
        मरघट की चिंगारी ने दिया जलाया है,
जलजले तभी जन्मे जगती की कोखों में
        भीतर ही भीतर जब आतप अकुलाया है।

हम शिखा काल की पकड़ न पाए, चूक गए
        कितने बलिदानों ने यह दिन दिखलाया था

अनिवार्य क्रांति लगती मुझको, फिर मत कहना
कवि ने सोते शार्दूलों को भड़काया था।

मैं बड़े ताव से लौटा था गोया मेरी
चिंगारी से ही चकाचौंध छा जाएगी,
दोनों चक्कों के बीच भले चक्कर खाऊँ
गाड़ी मेरे ही बूते पर बढ़ पाएगी

ऐसे मन-मोदक खाने वालों से जग का
क्या किसी काम में कभी पड़ा है पूरा भी!
जो सोचा करते मैं न अवतरित होता तो
भंडार भारती का कलपता अधूरा ही।

पर दुनिया किसके लिए आज तक ठहरी है
कितनों ने चाटी धूल गर्द गर्वाशा में
बढ़ कर प्रमाद से और दूसरा पाप नहीं—
होता प्रबुद्ध पथिकों की पावक भाषा में।

जब अता-पता पूछा तो कान सतर्क हुए
कारवाँ ज़माने का बढ़ गया बहुत आगे
अब कोसों का फ़ासला कौन पाटे-छाँटे
दिन-रात बिना साँसें साधे जागे-भागे

अणुयुग — प्रक्षेपणयुग — दिक् युग
इतिहास छलाँगें भरता भागा जाता है
राही दुविधा में व्यस्त विमूढ़ बिसूर रहा
उसका अपने ही चरणों से क्या नाता है?

परिवर्तित सब परिवेश, विखंडित व्यञ्जकता
शब्दार्थों का अवमूल्यन, विघटन संघर्षण
धरती पहले से अधिक ठोस, आकाश निकट
संत्रासों से संत्रस्त सिहरते संवेदन,

आयामों पर आयाम हो रहे उद्घाटित
अब सत्य कल्पना से बढ़कर विस्मयकारी
व्यापक विराट पकड़ाई में आता दिखता
नव-तकनीकी अध्यात्म मुक्त स्वेच्छाचारी,

नव-उपलब्धियाँ समेट सजग सर्जक युग का
अपने को फिर भी निपट अकेला पाता है
वह हर क्षण को भोगने के लिए लालायित
दो व्यक्तित्वों के बीच मसान जगाता है

आविल आस्थाएँ खड़ी खड़ी फुटपाथों पर
टकटकी बाँध देखा करतीं रफ़्तारों को
या नोट किया करतीं हर टैक्सी के नम्बर
बुलबुलें बिसूरा करतीं विगत बहारों को

कोई आवारा सीटी में सरगम रचता
भागा फिरता है अपनी ही परछाईं से
जो जितना अप्रतिबद्ध हो सके जीवन से
उतना ही वह संबद्ध कला की काई से

इस घोर अराजकता में ग़ायब लाज-शरम
मानव मानव का संवेदन बन गया भरम
गो दौड़ रहा है रक्त रगों में गरम-गरम
ग़ालिब चाचा मैं बहुत-बहुत शरमिंदा हूँ
मैं समझा था मर गया, अभी तो ज़िन्दा हूँ।

जिसको मंज़िल समझ रहे हो वह बसेरा है
ज़रा मशाल जलाओ, बड़ा अँधेरा है।

(1)

चले थे तुम तो बियाबान बसाने के लिए
गले थे तुम तो नया ज्वार जुटाने के लिए
ढले थे तुम तो नया रूप रचाने के लिए
जले थे तुम तो नई रोशनी लाने के लिए

कहाँ वो ज्योति, कहाँ ज्वार, कहाँ जीवन है?
तुम्हारे सुनहले सपनों का कहाँ यौवन है?
आँखें मुझसे न चुराओ सही हक़ीक़त दो
कि राजघाट में सोए लहू की क़ीमत दो।

राह जानी हुई कहते हो मगर गिरते हो
अपने घर में ही कुछ टटोलते से फिरते हो
नये सफ़र की तयारी में ऐसे फूल गए
नाम मंज़िल का रहा याद पता भूल गए

ये दूर-दूर घटाटोप से जो दीखे हैं
ये लुट रहे जो क़ाफ़िले उन्हीं की चीख़ें हैं,
ज़रा बढ़ाओ क़दम घिरने लगा घेरा है
ज़रा मशाल जलाओ, बड़ा अँधेरा है।

(2)

माना हमने कि तुम हर साल क़ौल करते हो
नये सपनों का नया मोल-तोल करते हो,
शुरू-शुरू में बड़ा जोश था, जवानी थी
करने-मरने की भरी ख़ून में रवानी थी।

आई आज़ादी तो मौसम बड़ा सुहाना था
नये सुर थे, नया सरगम, नया तराना था
राग गूँजे नये तो खुलने लगे भाग नये
धरा को स्वर्ग बनाने के सपने जाग गए

लगा कि एक तरन्नुम में सभी गाएँगे
अपने आँगन में कल्पवृक्ष सब उगाएँगे
सदा को ख़त्म हुई मुफ़लिसी, महामारी
खिलेगी बच्चों की किलकारियों से फुलवारी

गली-गली में हिया का हुलास हुलसेगा
घरों-घरों में मटकियों से दही छलकेगा,
बावरे मीत प्रीत-गीत गुनगुनाएँगे
बिछुड़ी इनसानियत इनसान से मिलाएँगे।

हौंसले थे कि ज़ुल्म की जड़ें हिलाएँगे
जंगख़ोरों का ज़हर धूल में मिलाएँगे
धनी-ग़रीब के सब भेद-भाव ढाएँगे
शान्ति-समता की नई बस्तियाँ बसाएँगे।

क़ौमी औ' मज़हबी फ़सादों को दफ़नाएँगे
फ़िरक़ेबाज़ों का गुमा गिरह से गुमाएँगे
स्नेह-सौहार्द का ऐसा दिया जलाएँगे
अमा की छाती पै दीपावली मनाएँगे,

समय के साथ-साथ स्वप्न हुए सपने भी
ग़ैर तो ग़ैर ही थे, ग़ैर हुए अपने भी
नाम समता के सभी स्वार्थ समासीन हुए
धनी धनी हुए तो दीन और दीन हुए।

छीना-झपटी उधर मची थी जब सियासत में
चोर-बाज़ारी इधर मिल गई विरासत में
देख ख़ुदग़रज़ी आस्था के तार-तार हिले
राह में रक्षकों से ज़्यादा तो बटमार मिले।

सींचते पत्ते और खोदते थे मूलों को
बोते थे काँटे और रौंदते थे फूलों को
बहार में कहाँ कमल-गुलाब खिलता है
लाखों बच्चों को अभी दूध नहीं मिलता है।

चाँदनी की जगह बदली से घिरी रातें हैं
फूल-से चेहरे क्यारियों में झरे जाते
भूख से गुलशनों के साज-बाज ढीले हैं
कपोल ख़ुशनुमा कलियों के पीले-पीले हैं।

राह पर राहज़नी के निशान उभरे हैं
उखड़ी-उखड़ी है साँस, भड़के-भड़के चेहरे हैं
गठरियाँ बाँधने में वक़्त कटा जाता है
माँ के दामन का तार-तार फटा जाता है।

बिखेर केशों में झेल ज़ुल्म के झपेटों को
बेबसी में बिलख बिसूर रही बेटों को
कोशिशें थिगड़ियाँ लगाने की सब व्यर्थ रहीं
अन्ध आवेश में बढ़ने का कोई अर्थ नहीं।

इसलिए फिर से जगाने मैं तुम्हें आया हूँ
धूल इस आईने की साफ़ करके लाया हूँ
जिससे फिर एक बार अपना चेहरा देख सको
रंग-रोगन औ' झुर्रियों का फ़र्क़ देख सको

तुम तो समझे थे कि बस पा गए जो पाना था
वो उनकी बज़्म में आने का इक बहाना था
ख़ून पानी किए बिना स्वराज्य आ पहुँचा?
बिना बनवास सहे रामराज्य आ पहुँचा?

आज फिर से मेरी वाणी में जो अकुलाहट है
तुम्हारी क़ाहिली ख़ुदग़रज़ी से घबराहट है
तुमको अब राह बनाने की रही चाह नहीं
प्रलय पुकार रहा है तुम्हें परवाह नहीं।

आज संसार की रफ़्तार ज़रा देखो तो
हो गए हैं लिबास तार तार देखो तो
आँख के तिल में रूप रक़्श बना क्या कहिए,
विश्व बेज़ार अपना अक्श बना क्या कहिए।

फीके-फीके हैं रूप-रंग आज क्या कहिए
टूटे-टूटे हैं ताल-छंद आज क्या कहिए
रहनुमा राहगीर को ही आज छलने लगा
ज़माना आज क़यामत की चाल चलने लगा।

कंधे-से-कंधा मिलाकर नहीं चल सकते तो
श्वास में, पिंडलियों में बल नहीं ला सकते तो
अपने हाथों ही सर्वनाश को तैयार रहो
समय किसी का सगा है नहीं हुशियार रहो।

अपने अर्जन की सर्जना भी कुछ रचाओगे
या कि नेहरू की कमाई ही सदा खाओगे
सारे आलम का मसीहा औ' जवाँमर्द था वह
सारी इनसानियत की आत्मा का दर्द था वह

उसने तो सड़ती ग़ुलामी का ज़ख़्म भर भी दिया
उँगलियाँ थाम एक सिन्धु पार कर भी दिया

शेष छह हैं अभी डूबोगे या उतराओगे?
करनी की तरनी या डोंगा उधार लाओगे?

सारी दुनिया के साथ क़दम मिला चलना है
हमें तो पिछला फ़ासला भी पूरा करना है
क़दम मिले नहीं तो गिरने में कुछ देर नहीं
आज पीछे जो रह गया उसी की ख़ैर नहीं।

गीध मँडरा रहे हैं इर्द-गिर्द घेरे में
भेड़िए घात लगाए हैं इस अँधेरे में
बटोही एक बार खोके नहीं खोता है
जागकर एक बार राष्ट्र नहीं सोता है

मानवी-मुक्ति-समुन्दर खँगालते रहना
जीवनी शक्ति दिए को उँजालते रहना
आँधियों-बिजलियों के दाँव ताकते रहना
काल-मावस के राहगीर जागते रहना

क़दम क़दम पै लुटेरों का यहाँ डेरा है
ज़रा मशाल जलाओ बड़ा अँधेरा है।

(3)

फूट आपस में हुई कोई ग़ोरी आ धमका
लूट-लिप्सा में फँसे नादिरी ख़ंजर चमका
छाई ऐयाशी तो तैमूर की शमशीर उठी
ग़ाफ़िली आई तो अंग्रेज़ी तिज़ारत चमकी।

अबकी हमलावर क़यामत का ही परकाला है
कहने को लाल हलाहल से अधिक काला है
इसलिए आज हमें क़ौल नया करना है
हल्दीघाटी से हिमालय के घाव भरना है

लड़ेंगे आज पहाड़ों में बियाबानों में
लड़ेंगे खाइयों, खेतों में औ' खलिहानों में
मोर्चा लेंगे अन्न-वस्त्र के लुटेरे से
आज है जंग हर जगह छिड़ी अँधेरे से

प्रान्त, जातीयता, भाषा के भेद बस होंगे
अगर न आज हुए एक तो फिर कब होंगे
क्योंकि संसार नये सिर से फिर बसाना है
मिटेंगे आज क्योंकि मिटने को मिटाना है।

कि जिससे ज़ुल्म का कोई न चारासाज़ रहे
न रहे झूठ फ़रेबी, न दग़ाबाज़ रहे
इसलिए उतरो कुर्सियों से ज़मीं को चूमो
शान्ति औ' प्रेम का परचम लिये घर घर घूमो

ये जो महँगी है, मुफ़लिसी है औ' तबाही है
क़ौमी नालिश में ग़ाफ़िली की यह गवाही है
आज जन-जन में जो घुटन है, छटपटाहट है
ये पौ के फटने के पहले की सुगबुगाहट है

रोशनी उतनी ही बेचैन जितनी स्याही है
क़ौम का हर जवाँ अपनी जगह सिपाही है
तपस्या दृप्त नहीं तख़्त ही शरमिंदा है
फ़क़ीरे क़ौम विनोबा जो अभी ज़िन्दा है

क़दे गांधी है शुद्ध बुद्ध की बपौती है
ये चलती-फिरती किरन तमस को चुनौती है
उसे पागल न समझ बैठना चेताता हूँ
ध्यान से सुन लो जो पैग़ाम मैं सुनाता हूँ,

ऐसे पगलों से ही यह सृष्टि चला करती है
ऐसे दीवानों से धरती की माँग भरती है

होश में आओ वरना बाद में पछताओगे
कब तलक क्रान्ति को यों बरगलाते जाओगे

रुष्ट शिव हो गए तो सृष्टि कौन रेलेगा?
उमड़ी भागीरथी की धार कौन झेलेगा?
चेतो जिससे न गिरे राष्ट्र कहीं ग़ारत में
अब तो शास्त्री-सा भगीरथ भी नहीं भारत में

इसलिए बिखरी शक्तियों की फिर सहेज करो
क़ौम के कारवाँ की घंटियों को तेज़ करो
हिला है आज हिमालय तो दाँत्र मत चूको
समुद्र बाँधो और पांचजन्य फिर फूँको

लगाओ हाँक ज़रा कूच का सबेरा है
ज़रा मशाल जलाओ बड़ा अँधेरा है

चलते-चलते

कल शाम से ही रिमझिमा रहा है आसमान
फ़सलों की खिलखिलाहटों में झूमता किसान
ये रंग, ये रवानियाँ, ये वलवले, उफ़ान,
धरती की उभरती हुई चोली में कसमसान

कोई तो नई बात नहीं कह रहा हूँ मैं
बहने की सिर्फ़ बात कहाँ बह रहा हूँ मैं।

उज्जैन का सिंहस्थ

बारह वर्षों में
दिन फिरते घूरे के भी
फिर तो यह तीर्थ है
शकों-हूणों-आभीरों
आर्यों-अनार्यों की
पावन संगमस्थली,
त्रिपुर पर विजय का
अभूतपूर्व गाथा से
उत्कर्षित उज्जयिनी
कृष्ण और सुदामा के
संस्कारों की जननी।
यहीं से चलाया था
साक़ा कभी विक्रम ने
आर्यों के शौर्य का।
सिंह पर वृहस्पत जब आता है
मनाता है सारा राष्ट्र सिंहस्थ
शक्ति और ज्ञान के समन्वय
की अर्चना, वंदना
महाकाल की, उमड़ती
अपार भीड़ भक्तों की
शिप्रा में स्नान-ध्यान
हर हर बम
हर हर बम
जाग्रत अवंतिका में

द्वार-द्वार अनुष्ठान,
शिवता में शक्ति
सदा रहती है अन्तर्धान
उसकी ही सतत शोध
करते सब आँख मूँद
अपना-अपना विधान
झंडों पर झंडे
अखाड़ों पर अखाड़े
नागा, उदासी, रामानुजी
बल्लभी, कबीरदासी, हरदासी
उतर पड़ते दंगल में
ले ले अपने मलंग
प्रश्न है प्रतिष्ठा का
निर्णायक हैं चिमटे
डंडे, भाले, तलवारें
अभिषेकित हो अनन्य
पहले किसका निशान,
पूर्णिमा से पूर्णिमा तक
दिखती अपूर्णता ही
अमावस्या अकुलाती
अक्षय तृतीया सब
पुण्य-पाप बँटवाती
कहीं रामनामी जप
तपते तपी पंचाग्नि
कहीं भजन, कीर्तन
कहीं कीलों पर पद्मासन
निर्वसन सिद्धासन
ऊर्ध्वबाहु वेदव्यास
कहीं खड़े दिखते हैं,
बहुत बड़ा माहात्म्य
होता इन मेलों का
दिखता है देश एक

अपनी अनेकता में।
साँसों में भर जाता
पत गंध यज्ञ धूम
लिपी पुती वेदियों में
जातवेद ज्योतिर्मय
सब समाप्त होते ही
कौन करेगा हिसाब?
गंगास्नानों का
संकल्पों, दानों का,
इतने सिंहस्थों ने
कितने बनाए सिंह
जिनकी अयालें हैं
हाथ में वृहस्पति के
चारों ओर गीदड़ों के
गोल बहुत दिखते हैं
बाह्य आचारों के
विपुल प्रवाहों में
किसके पैर टिकते हैं?

कैम्प और महल

यह कभी लश्कर था
क़ौम के कारवाँ का
एक बार ठहरा तो
कूच नहीं कर सका
ज्वार मुक्त जीवन का
पथ पर रुका तो रुका,
कहने को कम्पू है
कैम्प नहीं दिखते कहीं
आस-पास चारों ओर
बस्ती ही बस्ती है,
ऊपर से चहल-पहल
भीतर से पस्ती है
वैसे तुम चाहो तो
शान मार सकते हो
कभी हमारा भी था
बुलन्द इक़बाल
दुनिया में हमारी भी
निराली रही हस्ती है,
हस्ती तो हक़ है
सरफ़रोशों के आलम का
कलम औ' कुदाली के
भूगर्भी फ़ालों का
बाक़ी सब शेखी है
बुलबुलों-सी मस्ती तो

मदक्कियों की ही देखी है,
कैम्प तो आज यहाँ
कल वहाँ लगता है
महल जहाँ का तहाँ
गड़ा पड़ा रहता है।

नकल की नकल

मंज़िलें और जो कट जाएँ
 तो आराम करूँ।

बड़ी आशा औ' उमंगों से चला था पथ पर
कभी पैदल, कभी अरमानों के उड़ते रथ पर
आँधियों और बगूलों ने बहुत साथ दिया
बिजलियों ने किसी के हास का आभास दिया

वज्र कड़के तो रगों को नई रफ़्तार मिली
लू की लपटों में सिसकती हुई बहार मिली
क़हर ढाती हैं फ़िज़ाएँ तो सुदिन अच्छा है
घुमड़ आई हैं घटाएँ तो सगुन अच्छा है

ये ज़रा और जो छँट जाएँ तो आराम करूँ
मंज़िलें और जो कट जाएँ तो आराम करूँ।